立人天地

生存的图像

宋迪非／著

黑龙江出版集团
黑龙江教育出版社

自序

这些画和关于这些画的文字断断续续花了我近一年的时间，究竟怎么样呢？自己也不好说，可还是要拉拉杂杂地说上几句。

我一直比较喜欢那些超现实主义画家比如马格里特、恩斯特、达利等人的画，在他们那里，现实和梦发生了奇妙的联系，就像某位超现实主义者一句著名的话说的那样：一架缝纫机和一把雨伞如果各自单独摆放在那里，说明不了什么，可一旦放在一起，超现实的意味就产生了。这说的是自由联想的妙用。当年维也纳医生弗洛伊德就是用这种方法来启发和治疗他的病人的，据说效果不错。

这应该是被意识监督和压抑着的潜意识爆发的结果。潜意识是一个更广大的世界，是意识的加工厂，在我们的内部激荡不已，如果不通过某种有效的方式把它释放出来，人就会出毛病。而艺术正好是这样的一种有效的手段。通过自由联想，人会发现宇宙间万事万物都是存在某种隐秘的联系的，人也就因之进入一个主观的想象的世界。这个世界是非秩序的、共时的，表面上看乱七八糟，可却乱七八糟得有趣，比如马格里特那一群在天空中漂浮的站成队列的戴礼帽的人，或毕加索那个长了三个鼻孔的女人。这些明显和常理相悖的画面，打破了我们现实主义者看世界的方式，不小心进入了一个理性探测不到的地方。在这里，那些被明确的记忆忽略的信息显露出来，一加一是可以不等于二的，人内心世界的未被探知的广大领域，并不是像电子表格那样清清楚楚摆在那儿的。现代世界个体的精神疾患之严重表明，一个更广大的包容各种矛盾齐头并进的人是受到了压抑的，在本真的意义上是尚未得到实现的。商业社会的工具理性，把人变成了脑袋、屁股、前胸后背上挂着各色标签的单面人。

不过，在我，却并没有太刻意想要在画中揭示什么，在画的过程中方法才更重要。我只是尽量画得随意些，让潜意识中隐藏的东西随机地显现出来。也许，能够在精神自由的向度上显现的图式本身就能够呈现人性的诸多重要方面吧。只是，受个人能力所限，我究竟能够在多大的深度和广度上有自由的表现呢，这也是需要读者批评和指正的。

需要说明的是，文字是后来写的，写这些文字的时候，就不能太依赖潜意识的随意性了，而是要把潜意识层面指涉人性的内容尽量澄清出来。因为作者本人有多年写诗的经历，又多年沉浸于或可称之为存在哲学的尼采等人的思想，在写的过程中，就尽量靠近一些自己平时思考的问题，努力写得不那么干巴，最好能有一点自己的风格。我的最低限度是不能写成心灵鸡汤，鸡汤虽好，对人的健康也有所补益，可毕竟不是我努力的方向。如此这般,这些文字就不是图的说明，和图的关系也就不是若合符节式的。简单地说，文字和图如果分离开来，也应该是成立的，不过因为自己思考和写作能力的限制，若有驴唇不对马嘴、贻笑大方之处，还乞望读者诸君见谅。

2015年11月于北京

目录

自序	1
存在的深渊	2
荒谬的勇气	62
智慧的发现	120
此岸与彼岸	176

存在的深渊

当我们莫名地陷入惶惑、恐惧和不安的时候，我们会无来由地犹疑、彷徨和退却，这时一个阴影逼近了我们，我们立于无可奈何之地，并说出了它

——存在。

仅仅是我们的时间概念让我们这样称呼最后的审判，实际上这是一种紧急状态法。

——卡夫卡

在卡夫卡的小说《审判》的开头，K在一个早晨莫名其妙地收到了法院的传票，这样，K经历了一段漫长的诉讼。在法律的面前，K自觉有罪，却不知道自己的罪过是什么，法律宣布他有罪，却又迟迟不告知他触犯了什么。K把这个诉讼的过程当作一个确定自己身份和寻求正义的过程。K在一种漠然的、找不到法官的氛围里，不知疲倦地进行着他近于滑稽的申诉——K所坚持的是一个疏离者的自由，一种基于存在者内部的生存尺度。可是在一个资本控制的被异化了的官僚体制里，疏离感本身就是种罪过，一切都是被规划过的，K所寻求的真相是不存在的，他陷入了一个永远也走不出去的迷宫。最后，这个抱着“从未进入过的最高法院在哪里”的疑问的K，被莫名其妙地处死了，临死前他嘟囔了一句:“像一条狗一样。”K荒诞地死了，荒诞感依然在这个世界上弥漫，他“身虽死可耻辱感犹存。”

世界是荒谬的，人生是痛苦的。

——萨特

自我的不确定，也表现为世界的不确定。这不确定把选择的自由抛给他。他面对着死亡这个终局，被孤单一人抛入这个世界。他必须做出选择，选择在这个世界生存，为人这个概念注入内容。他走过，空空如影，面对不安的夜，他走向那个在远方召唤着他的人的地平线。他走过，踽踽独行，在隐秘的不安中，从沉默的夜晚走向一个行动的白昼。

你在房屋里走的每一步几乎都是这样，不论在白天什么钟点，不论光线强弱，是室外射进的光线还是室内的白炽灯光。身体的这种实在的孤独成为作品不可侵犯的孤独。

——杜拉斯

当一个人执意要拥有一间自己的屋子时，应该知道那幽暗的光线是否适合他的眼睛。当他的眼睛熟悉了这儿的黑暗时，他的心也就静下来了，那黑暗有一种让他安静的力量。而在他静下来的那一刻，他就真的有了一间自己的房子。他已安于关起门来的生活。他的心跳渐渐有了音乐的节奏，他的肢体也贯注进一股新的力量，他终于跳起舞来。那幽暗是个更深的空间，深得近于光明，他在这光明里舞蹈。他，黑暗中的舞者。

荒谬既是一种事实状态，也是某些人对这一状态的清醒意识。

——萨特

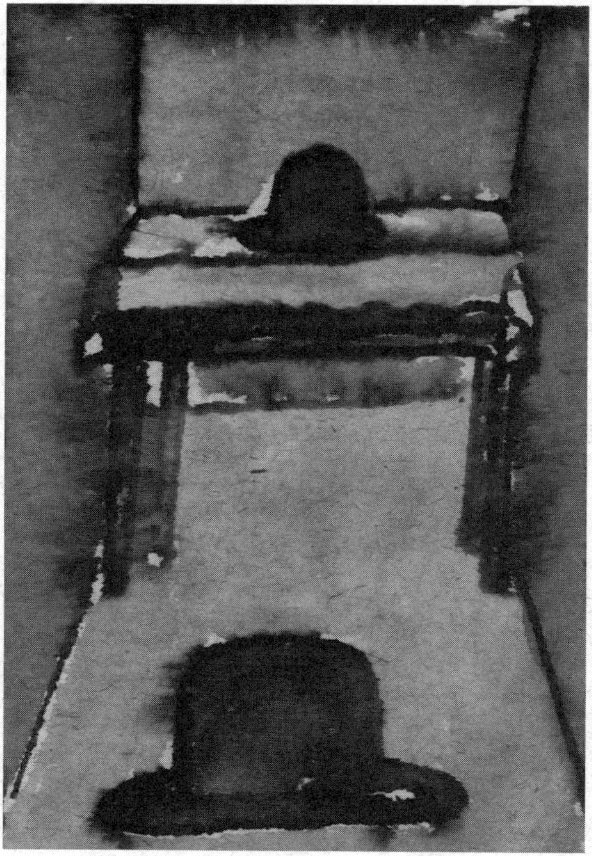

日常生活中，我们看到形状上相似或相同的东西太多了，大到只要我们走在街上随意就能瞥见的楼房，小到日用的各类商品，面对这种相似和重复，我们早就熟视无睹了。只是当我们把这些相似或相同之物有意识地并置在一个封闭空间里时，神秘感就产生了。我们会强烈意识到相似之物的重复给我们带来的不安。进而意识到我们的生活，是否也可批量复制生产呢？生活在这样的一个被大量复制品覆盖的世界里，人类生活本身又是怎样的一种情形呢？不是已经有了克隆人的技术了吗？

存在先于本质。

——萨特

我们照镜子的时候,往往会有一种恍惚之感：镜子里的人真的是自己吗？如果是自己，那分明是个镜中人，如果不是自己，自己又是谁？恍惚间镜花水月，一切如梦幻泡影。而在这怀疑的时刻，我们对自我的寻求刚刚开始。

我将一个人头顶着上面这一无所有的天空。

——萨特

那站立者，无始无终地承受着风雪，已经一千年了。他承受着地老天荒的孤寂，他似乎已经麻木了，已经成为无情的寒冷自身的一座雕像。然而，在无限的荒莽中，那始终醒着的是什么呢，那渐渐和他融为一体的，贯穿着的，是什么呢？那穿越他的，令他惊惧和警醒的，以无界的想象，扩展着他的身心的，并终于拯救他的，是什么呢？

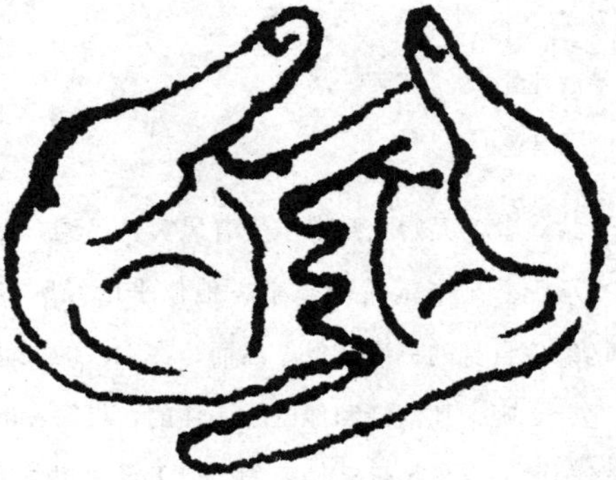

死亡意味着什么，个性意味着什么，其他一切似乎都由此而决定。

——雅斯贝尔斯

恐惧，往往是我们尚未包容的事物带给我们的。比如死亡，那黑色的光，如果我们不能理解其潜在的威胁，它就会在我们的意识深层成为扰乱我们的动因。因此，一个强大的生命一定要理解和接纳死亡。将死亡当作生命的一部分，这样，死亡就会成为我们生存的动力。向死而生，正是这逆向的运动，使我们能够深刻地了解到，生就是死，死就是生，死正是一种脱落形骸的自由，是生的祝福和飞翔。想摆脱死亡的威胁，就要直面死亡。

我们不愿承认我们是所有存在者中的一个存在者，不愿认可我们在世界中的地位，而是把世界转变成为因我们而存在、为我们而存在的某种东西。我们凭着我们的傲慢自大使地球成为一种可消耗的资源。

——海德格尔

人类征服自然的过程也是其逐渐丧失本性的过程，尤其在我们这个时代，人的野性被遏制在工业文明机械的机制中，每个人都成了统一管理的群体中的一员。工业的魔法使个体的人陷入一种麻痹状态，人人遵循同一的模式。这样，如何保持人身上天赋的自由，使之与大自然内在的律动相协调，几乎成了一个斯芬克思之谜。那野性的，来自远古的呼唤时时透过我们的心胸，使我们如被剥夺了一切精神财富的流浪者，永远处在寻找真实自我的途中。

他人即地狱。
——萨特

在一种人无法自决的现实状况中，暴力的发生随时都是可能的。所谓暴力，在这儿往往是指我们无法预见的突发现实的侵入，这种侵入往往又是非理性的、荒谬的和心理上的，有一种黑色幽默的效果。人互相倾轧的本性在这里暴露出来。对此，人常常是措手不及的。在现世的荒谬性中，以荒谬对荒谬倒是一种可行的态度，就当这随时都可发生的事件不过是一连串的玩笑吧。

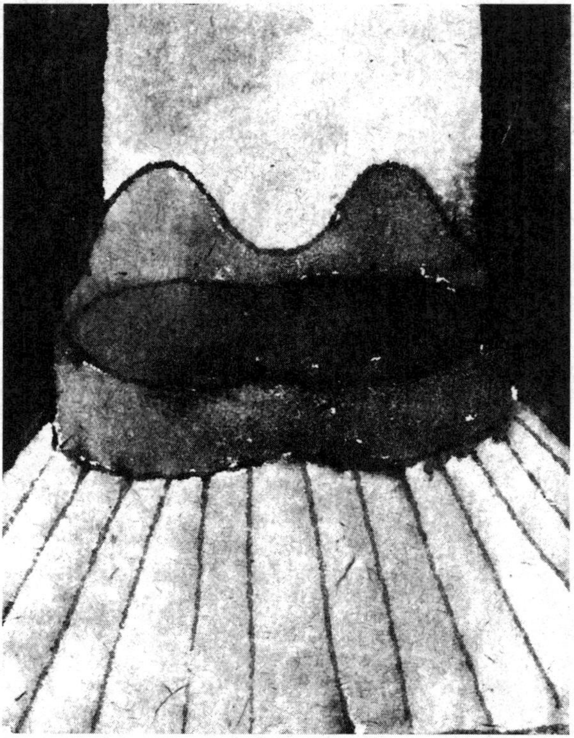

蓝色并不是神圣者之意义的比喻。蓝光本身就是神圣者，因为蓝光具有聚集着的、在掩蔽中才闪现出来的深邃。

——海德格尔

宁静，像蓝色墨水一样沉淀下来。思想弥漫着，澄清着，事物从中显露出来，犹如一个初始的梦。正是从这样一个梦开始，我们有了一个空间，没有人，却有语言，亲吻着世界。

这是精确地算计好的生活，像在公事房里一样。没有奇迹，只有使用说明、表格和规章制度。

——卡夫卡

在一个工业的世界里，工具和人的位置颠倒了个个儿，在工具理性的主导下，人也成了工具，荒谬随之产生。一种变了味道的理性思维控制人并威胁人。人在一个过于强调整齐划一的工业社会里被异化为物。在这种情势下，有必要建立一种个体伦理学，挖掘自身潜意识中感觉和想象的价值，给梦想以权利，让人的潜意识爆发出来。正是在自由联想中，人获得了其人性中的可能，并以此来反抗理性那种单向度的对人的压迫。

人生就是学校。在那里，与其说幸福，毋宁说不幸才是好的教师。因为，生存是在深渊的孤独里。

——海德格尔

地下室——一个荒凉的所在。它是和潮湿、阴暗、封闭这些消极的词汇联系在一起的。在陀斯妥耶夫斯基的《地下室手记》中，地下室意味着反讽、嘲笑、自虐等这样一些反抗情绪发生的地方，并和那个日常的、自明的、健全的理性世界相对。地下室的人对那个日常的人的反叛，对二二得四的质疑，和尼采一样，是一种对我们的文明进行价值重估的努力。他的心是矛盾分裂的战场。而在这个过程里，忍耐是他唯一能做的。他要通过忍耐而使分裂的自我重新获得统一，以使自己重新返回地上的生活。

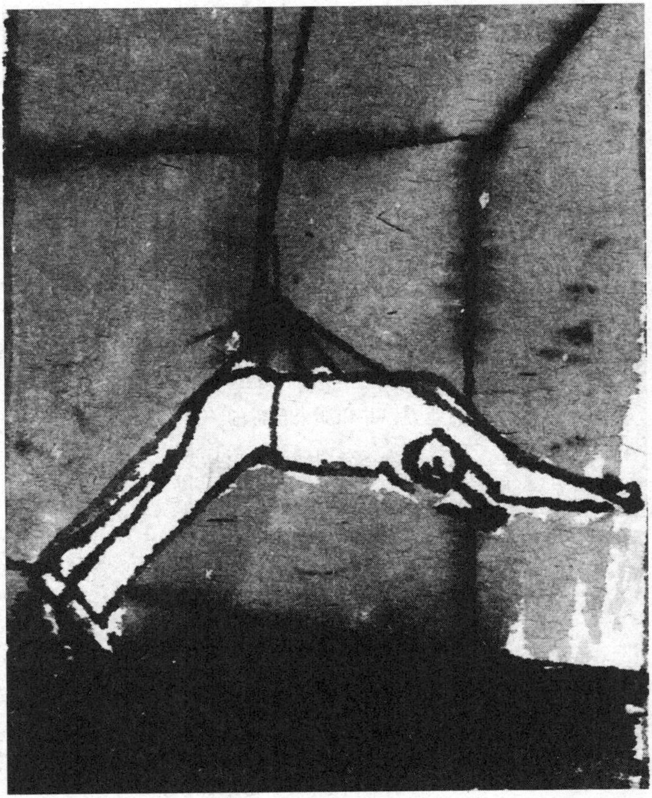

所有人类的错误无非是无耐心，是过于匆忙地将按部就班的程序打乱，是用似是而非的桩子把似是而非的事物圈起来。

——卡夫卡

不动，平衡，是一种长期的自我训练，这需要耐力、悟性和对从苦中拔出来的终极渴望。那种体操式的悠荡，貌似恍惚，闲散，无所用心，其实是有一种内在的紧张在里面的，这是争取在凝定中达到对心的控制。经由长期的返观内照，通过苦行和弃绝，其目的是最终获得生命在其本意上的救赎。

除非逃到这个世界当中，否则怎么会对这个世界感到高兴呢？
——卡夫卡

在不变中变，在变中接近变化中的常数，以终究不可变者来应对可变。那么，任何变化都成了接近无限领悟之缘起。在领悟中，一切障碍即究竟觉。正因为此，变化犹如魔术，并不能动摇人立足的根基。

阴影，你不再存在。如果阴影必须复活，会是在夜里并通过夜。

——博纳富瓦

向着夜的方向，延伸着穿透生命的意志，夜太广大了，生命是如此的脆弱、渺小，在一种密闭的外表下，始终隐藏着毁灭的玄机。也许毁灭正如愿所行，是生命的一个隐秘的愿望。在这愿望所行处，所停留处，所终止处，那猝然间爆发的，将照亮道路，同时也照亮道路之方向。

死亡和诅咒，我能够和世上的一切但不能和我自己脱离关系；我甚至连睡着的时候也不能忘掉自我。

——克尔凯郭尔

在垃圾和城市之间，魔法从底处打开。如果我们认不出，就会躲过并走远。一旦我们认出，就陷入梦魇。我们所投入的生活，除此已别无其他。然而我们又必须去识别它，否则就会遭到它的惩罚。这变幻的魔法，使我们在生死之间转换。我们并不躲开，无论是被嘲弄还是被惊吓。我们已和这夜晚一样，在底部铺展开街道和垃圾。更深的夜正通往黎明。

不强调孤独个体的范畴，又怎能消除种种充当观众角色的客观性的幻影呢？以客观性的名义追求客观性目标已经完全牺牲了个体。这便是事情的症结所在。

——克尔凯郭尔

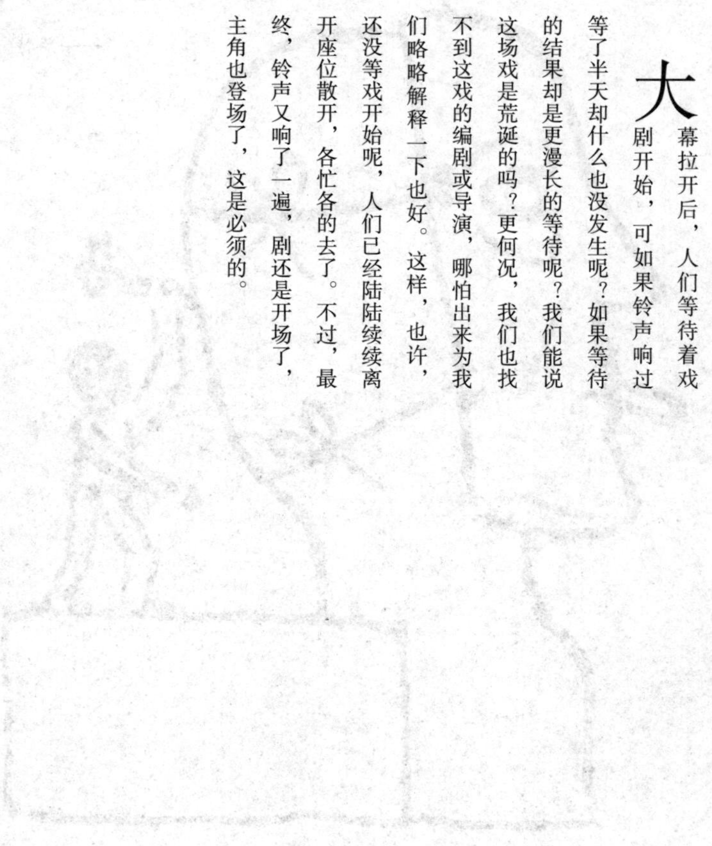

大幕拉开后，人们等待着戏剧开始，可如果铃声响过等了半天却什么也没发生呢？如果等待的结果却是更漫长的等待呢？我们能说这场戏是荒诞的吗？更何况，我们也找不到这戏的编剧或导演，哪怕出来为我们略略解释一下也好。这样，也许，还没等戏开始呢，人们已经陆陆续续离开座位散开，各忙各的去了。不过，最终，铃声又响了一遍，剧还是开场了，主角也登场了，这是必须的。

自为是其所不是，永远不会是其所是，自为永远不会与其自身一致。如果自为是其所是，自欺就是不可能的。

——萨特

那面向别人的脸，是非常严肃的，这严肃是必须的，无人可以反驳的，应该说，是对世界的思考形成了他现在这样的表情。可由于年深日久，这表情已经凝固成一个面具，和一种令人恐惧的尊严。谁能撼动他呢，注意了，那游戏着的孩子也许正好是他的敌人。

相对于每一种认知，生活是只朝向非逻辑者的直接投入。

——海德格尔

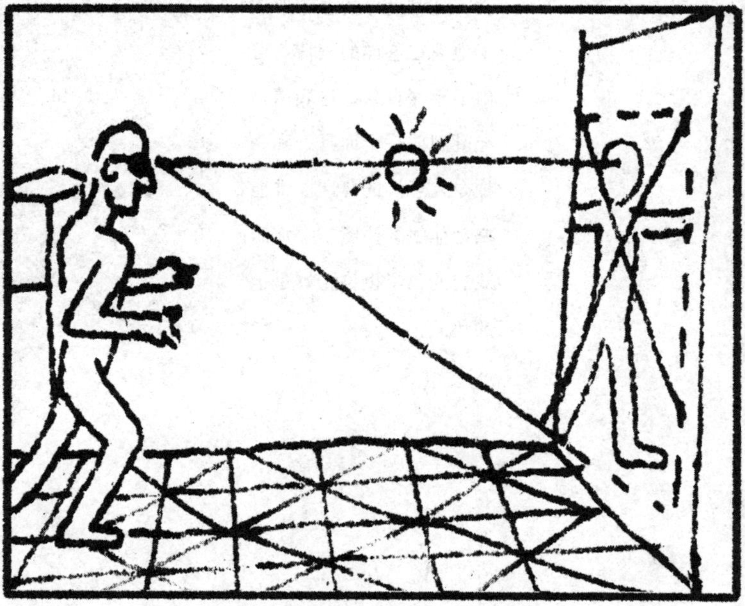

在一触即发的瞬间，我消灭了我身体中的另一个我。那个虚妄的以自我为中心的假我，总是充当现实的调和人，并且总是在暗中进行着利益的算计。快乐的实现被延迟，直接性被阻止。他不过是本真之我的一个影子，真我在怯懦的当儿被他欺骗了。也许，会有某个契机，我们将在电流般的触动中顿悟，什么是真正的我？为什么间接性也要服从直接性。

于是，我碰上的任何事物，我发现的任何事物都是因为我，并因此为了我而存在。
——萨特

在两眼抹黑中你已经寻找了很久，在伸手不见五指的黑暗中，你看到了和想到了什么？你已经转了几圈了，在其中你碰到了什么，又被什么碰到？当你的大脑差不多晕眩的时候，一道光束忽然亮起，你看到了什么？这样的光直射着，从黑暗的深处，帮你辨识你的所在之处。当你和真实照面时，感官在高度集中的时候打开了，你与你自己会面了。可那真的是你吗？

当耶稣说：“我是给穷人布道福音的”时候，这并不是一种历史性的观点。“穷人”不应仅被理解为贫穷，而是所有受苦的人，不幸的人，受难的人，所有受轻视的人，所有残废的人和瘫痪的人，所有麻风病人和着了魔的人。

——克尔凯郭尔

犹如堆积的雪人
望着远方
喜悦是安静的
那看不见的眼睛也是安静的
目光因为不可见而具有了颜色
并于不可见而见证了就在身边的事物
而他们就在远方
犹如两个雪人
在另一种接近黄昏的目光里
他们挨得很近
他们能听到彼此的说话声
祈祷的钟声还没有敲响
他们的双手还没有伸出
他们还没有走向更远的地方
在模糊的看不清什么的里面
他们注视着自己的样子
他们和这个季节融为一体

我靠你的提问为生，我在你的血液里说话，我是你的黑夜大师，我在你身上守候就像黑夜。

——博纳富瓦

穿过长长的门厅，在季节的虚光里，伫足，伸出静默的手，就要推开紧闭的门。也许有风吹过窗外的荒野，也许有远征的大雁正飞过青色的长天，也许春天就要到了，人们就要脱去厚厚的棉衣。是什么样的声音在空寂中响起，然后是一阵忽然加快的脚步声。不错，那以悲哀的声音说出的是：爱比死更坚强。

我在走进一座专门为我建立的监狱，而这座监狱完全像一幢普通的民宅，除了我自己，没有人把它看成监狱，因而就更糟糕更残酷，任何越狱的企图都没有了。

——卡夫卡

如果有人说，一个落满灰尘的角落里的蛛网，是一个基本被忽略的事实，是生活的真实写照，他难免会被当作疯子。生活一如继往地进行着，人们按照“过好每一天”这个决定性的日常原则，争取不让每一分钟空过。可贫乏依然被掩盖着，真相就如那个角落，灰尘越积越多。生活，有时不过是某种故意的躲避和遗忘。

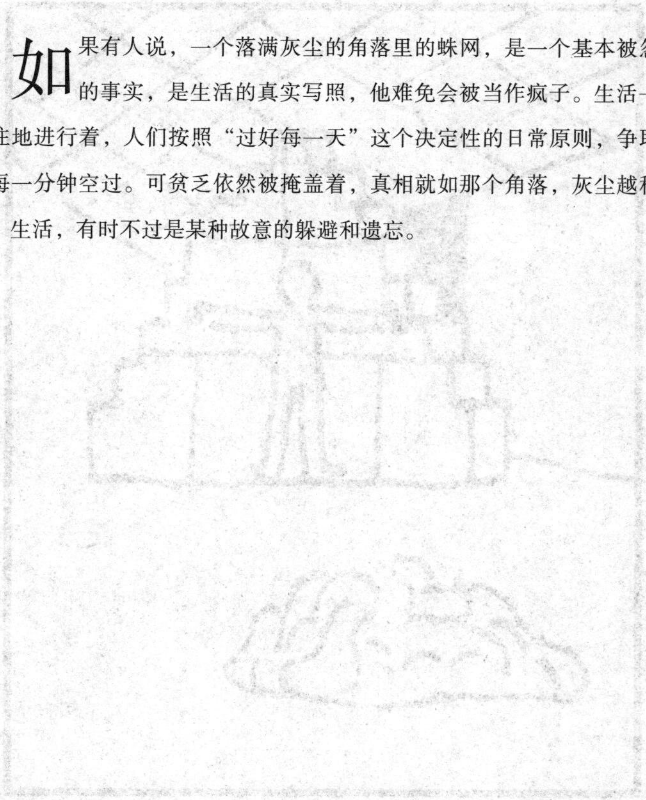

只有一个精神世界而没有其他存在这一事实夺去了我们的希望，而给我们以确切性。

——卡夫卡

我们观察我们自己，一个暴露了的荒凉的内部。荒凉是我们基本的生存状况，也是我们由来已久的恐慌。这贫乏的状况虽让我们终日品尝着苦涩的盐，却已基本被忘掉了。无知觉是活下去的前提。而那直视的人，却陷入更深的盲视，遭遇到因为目光锐利而瞎掉的危险。可我们终究要与此共存，进入时间那经久不变的破旧的库房。

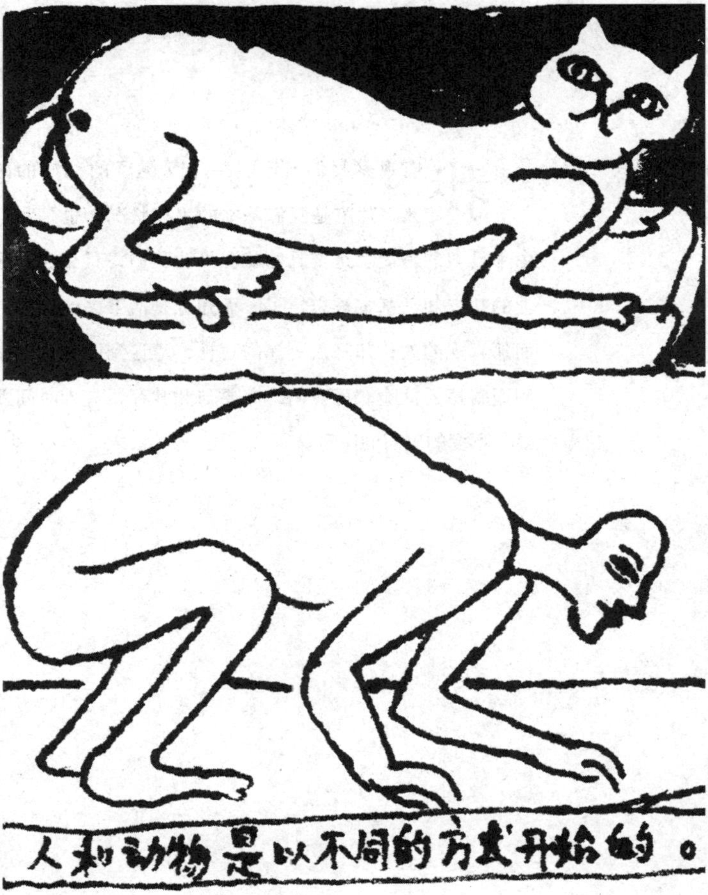

人啊，你在哪里？

——聂鲁达

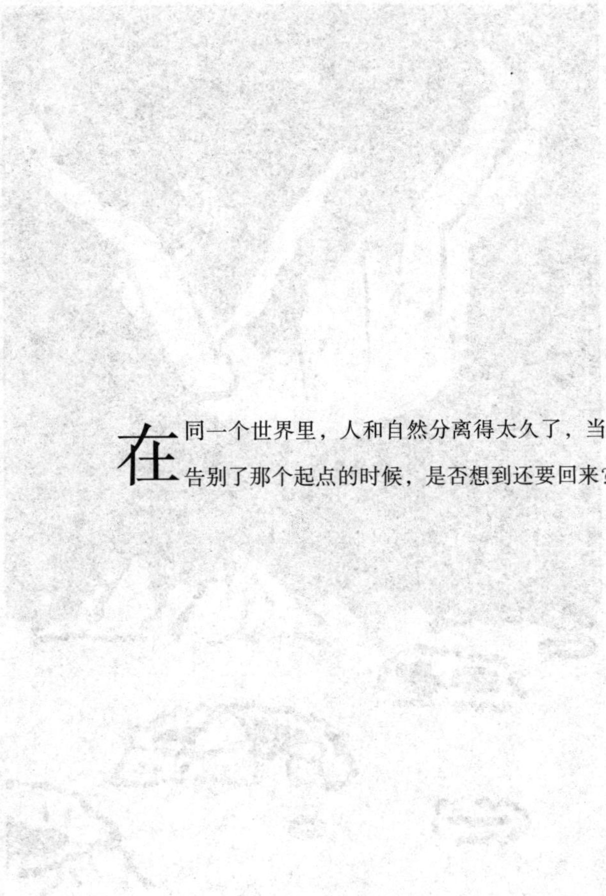

在同一个世界里，人和自然分离得太久了，当我们告别了那个起点的时候，是否想到还要回来？

人是被抛到这个世界上来的。

——海德格尔

我们被无缘无故地抛于这个世界上，于无可奈何中总是感到有一种引力寓于我们体内，沉甸甸的，远远超出我们身体的重量。如何摆脱这引力，有意无意间就成了常常纠缠我们的问题。失重，就是从错综复杂的因果关系中脱离出来，从必然王国走向自由王国。我们要清楚自己的无根性，这并不是让我们脱离大地上的生活，而是让我们能看清自身虚幻的那一面，摆脱对生命的迷恋，使滞重的身体轻盈起来。不如此，何以言幸福？

你不必抱怨生活得比垂死者更接近死亡。

——勒内·夏尔

在某处，我们与自己相遇了。这个某处当然不是确定的，这个自己也很模糊。我们既没有拿着蜡烛，屋里也没有灯，是门外的光将我们的影子投进来。当我们的影子和我们一起走进来，屋内的事物就变了。我们走过去，和影子一起，走向一个只有在内部才可发现的奇观，我们将看到一个不存在的，更超脱的自我，比自己更真实。

人人都是一座孤岛。
——萨特

在现代化的大都市中，人们生活在同一片天空下，却又彼此孤立；人人都有一个自己的世界，并沉陷其中；和他人的距离虽近在咫尺却又远隔天涯，彼此隔绝地交织在一起。这样的孤立给人以奇怪的感觉，每个人好像都不是真实的，就像橱窗里的隔着玻璃的模特那样没有温度，举止动作也像是被训练过的。人各行其是，说着自己的话，做着自己的事，沉湎于自己的游戏。“他人就是地狱”，在这种不能交流的状况下，自己甚至成了自己的陌生人。那更原始的游戏方式还能够回归吗？

在躯体的黑夜里，骨骼是闪电。

——帕斯

倾听，在一个什么也听不见的地方，无限地倾听，听到了什么？那不会发出声音的空间，是否把最纯粹的声音给了我们？什么也听不到，可我们依然听，直到耳聋，直到一片漆黑。把我们留在这里的，是恐惧还是对恐惧的倾力投注？我们依然倾听，直到四壁合拢，把我们囚禁于声音的核心。这时，你听，最强大的音响将振动我们。

荒谬的勇气

荒谬的勇气

即是直面空虚的能力。

那诺大的空虚囊括了

生命的短暂、

世界的无意义、

真理的不可知

等等这样一些问题，

我们真的能够面对吗?

我们怎样来面对？

人首先是个把自我向着一个未来推进而且知道自己正是这样做的生物。

——萨特

我们所居住的世界，是一个过于熟悉的世界，人们靠一种彼此的依赖，来获取安全感，殊不知，在这安全的表面，始终潜伏着我们对世界的恐惧。我们无来由地懋闷和恐慌，最终又无来由地投向这世界。然而，我们是否思考过在这恐惧和不安的背后，还有另外一个陌生世界的存在呢?在这里，一切都敞开着，思想经受最灼热的太阳的考验，一个从人群中孤立出来的个体，摆脱秩序和谎言，在对人之为人的条件经久的怀疑中，直接面对恐惧和战栗，把自身塑造成刀砍斧劈般的雕像。生命被置于广场，承受着自我放逐的命运，这个被剥夺了亲近性的人，却获得了荒凉的辽阔性：一个独立思考的内在的无限空间。他直面那未经命名的存在，人经由自己的决断而成为人。

谁保持发现美的能力谁就不会变老。

——卡夫卡

在钢筋水泥的世界，我们舞蹈，我们迎接太阳。我们的快乐来自大自然吹来的风。在太阳下，我们祈祷，并互致问候。没有什么能抑制得住我们生命中那本能的快乐，也没有什么能阻止我们走向生活，哪怕末日来临，我们也要无畏地投入生存的斗争。太阳赐福我们，予我们以永驻的青春。生命，是一个直接的现象。

人的存在是自由的。

——萨特

太阳，这个自由的符号，它的宇宙的权能是任何力量也封锁不了的，暴虐可以猖獗一时，可太阳，它的独立却永世长存。

荒谬也具有热情。荒谬的人不会自杀，他要活下去，不会放弃任何确实性、未来、希望、幻想或遵从命运的安排。他们热切的眼光瞪着死亡。

——加缪

当我们对世界保有足够的好奇时，我们常常能发现事物之间那种非常规的关联。一种荒诞的联想，往往能更新我们对自己和世界的认识。这会使人从陈规旧套中摆脱出来，思想进入一个崭新的领域。惯性思维的栅栏被打破了，我们随意地漫步在信手拈来的境界。

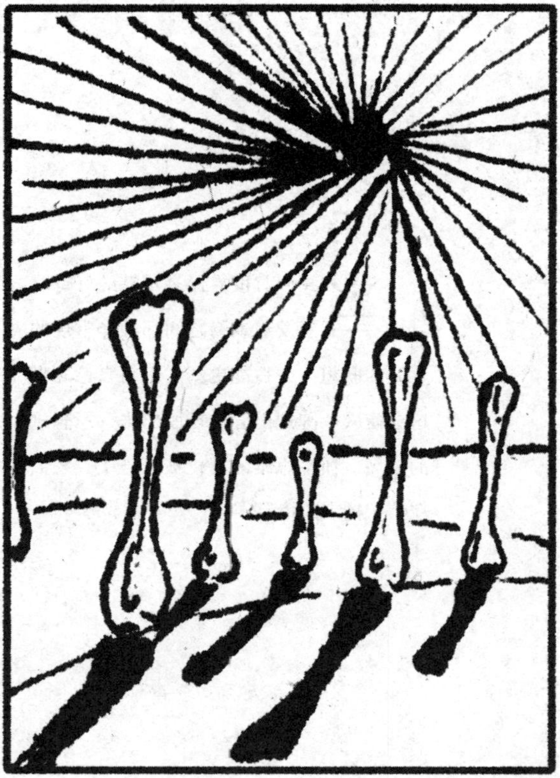

向死而生的意义是：当你无限接近死亡，才能深切体会生的意义。

——海德格尔

世界是一团永恒的活火，是生成与毁灭的循环。人，参与其中，并认识到自己终有一死。终有一死的明确意识使人将死亡预设到自己的生命里，死亡成为光照。人是唯一的知道自己终局的生物，正是这一点，使人可以摆脱被动的动物性的蒙昧。人作为短暂者，直面大自然的冷酷规律，以向死而生的勇气，汲取生命的精华。

如果终有一死的人要跟随那被召唤而走向没落的“异乡者”去漫游，那么，他们自己也就会进入异乡。

——海德格尔

在陌生的地方游戏，于放逐的命运中不要试图重返故乡。穿过那些律令和法则，他独自地快乐起来。而他独自的快乐仅仅是个开始。从自我遗失到自我观察再到自我控制，是一门需要循序渐进来掌握的艺术。当他找到游戏规则的时候，他也就知道了语言的使用。这时，世界就会打开无数扇窗子，向他显示本质。他将学会理解与注视。向着未知的世界，他从无数种可能中找到打开孤独的钥匙，并通向和解的道路。

时间为着平淡无光生活的日日夜夜而背负着我们。但是，一个我们在其中背负时间的时刻总会到来。

——加缪

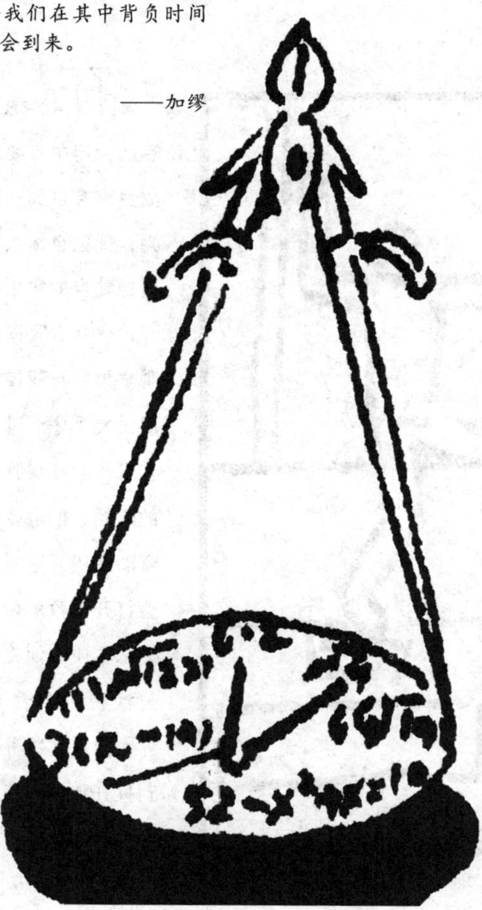

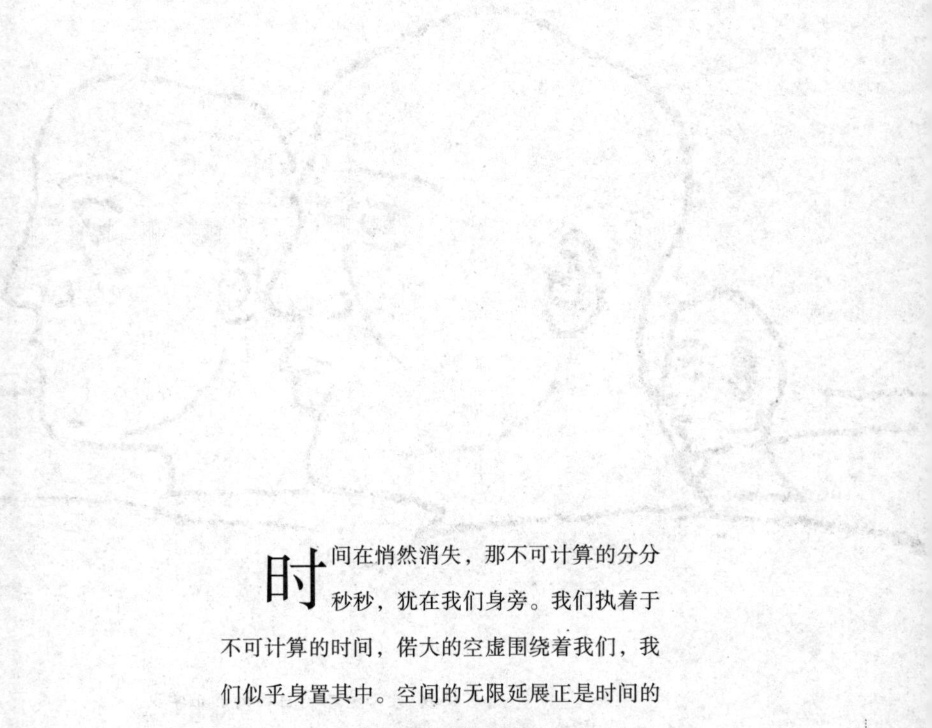

时间在悄然消失，那不可计算的分分秒秒，犹在我们身旁。我们执着于不可计算的时间，偌大的空虚围绕着我们，我们似乎身置其中。空间的无限延展正是时间的本质，我们于瞬息万变中触摸到了。当我们打破线性的时间控制时，我们会挣脱因果规律的控制，这时，世界将与我们共在。

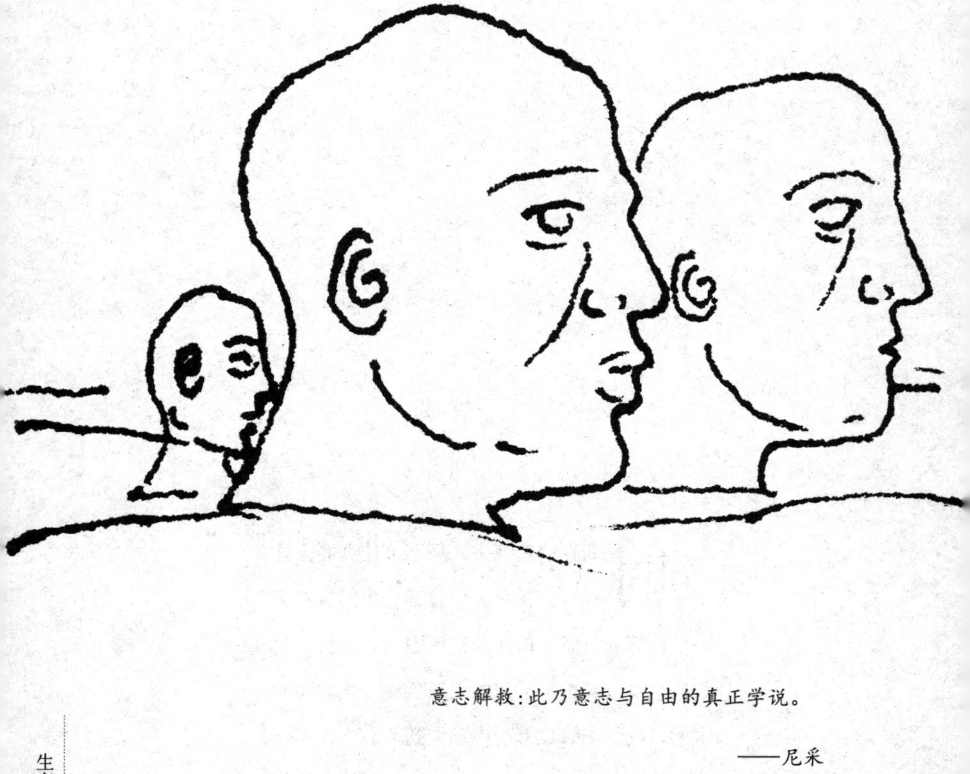

意志解救：此乃意志与自由的真正学说。

——尼采

注视，永远的注视。目光，不会在中途折断，无形的风在呼唤着记忆。自由，包围着我们，在我们身边呼呼作响，前方，既是一种对于存在的呼唤，也是将自己投身于深渊中的诱惑。正是在注视中，一种凝结于寂静中的勇气在形成着。行动的风暴之核是空寂的。

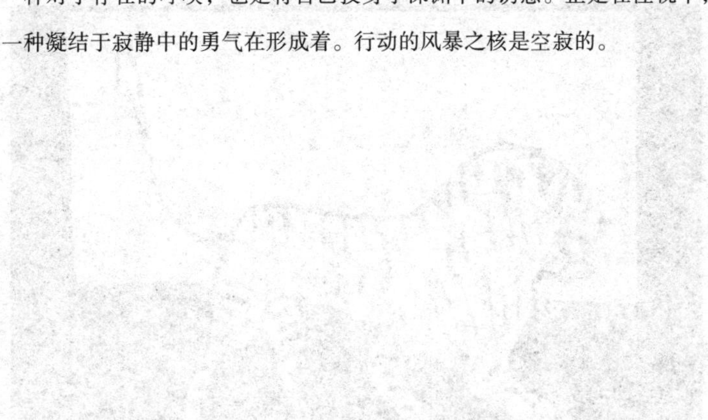

直到现在，一切生物都创造过超越自身的某种东西：难道你们要做大潮的退潮，情愿倒退为动物而不愿超越人的本身吗？

——尼采

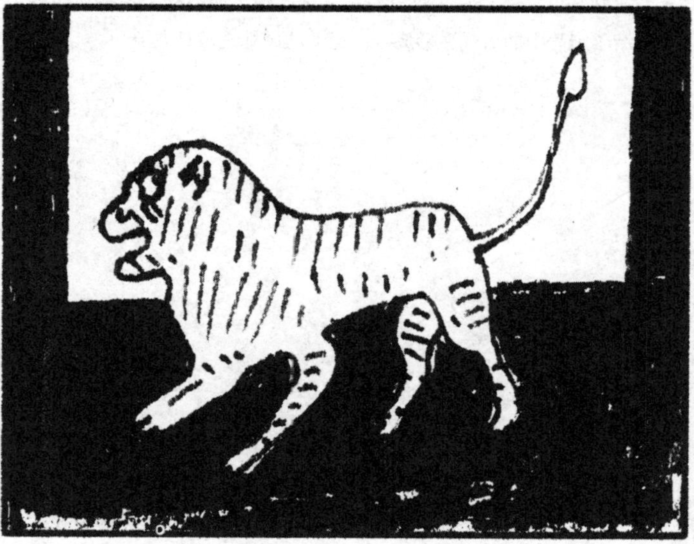

一个人在孤独的冥想中和人间的实践中，使其从小我中解放出来，将怯懦、自私、卑琐等习性从其个性中清洗出去，以恢复其天性中本能的勇猛和强悍。一只孤独的猛虎，在世界中穿行，在不断的自我批判中为自己立法，并创造新的价值。创造乃孤独者的天命。

你们能创造一个神吗？——请你们免谈任何神明！你们或许可以创造超人。

——尼采

思想者，乃是立足于本源的存在的追问者，他独立于时代的风云变幻中，接受从旷古吹来的风的洗礼。对于思想者，思想本身即是行动，也就是说，思想是与本能、与源于深渊的生存的力量联系在一起的，同时，思想也是一种在重复中不断自我更新的运动，是强力意志的体现。正是思想，予人以存在的勇气。万象消逝于历史的深处，而那些伟大的思想却穿越重重迷雾留了下来，犹如世间不朽的雕像。

我处处都是我，我不可逃避我自己，我从后面重新把握我自己。

——萨特

在城市混乱的走向里，那指明天空的，也为那些迷惘的烟缕找到道路。那无穷变幻的，捉摸不定的，是我们游弋的思绪，是迷惑与痛苦，也是现实的不可确定的变数。那确定者却以其意志强行为自己找到一种力量的指引，为自己塑造了一个独一的形象，历经风云之变幻。世界荒凉的剧场已经打开，在这里每一个人都存在着自我塑造的可能。置身于未来所允诺的无限中，生存本身有可能成为一种艺术。

唯有通过在夜的星池(大地之上的天空)中的行驶，灵魂才经验到浸润于“清冷的汁液”中的大地。

——海德格尔

当天空向你展开，星星如水滴般纯净，滴向你的面庞。而你，在死亡的广大背景下，随着野草的波浪涌向天边，并与极限相连接。万物护佑着你，并与你等量齐观。死亡，是尘世间唯一平等的尺度，在这把尺子下，人间的那些高低贵贱的分别全部无用，甚至人和尘土之间也没有了区别，人的那点贪婪和大自然的壮观相比顿时显出了渺小。这样说来，每个人不早已预先成为大自然混沌的一部分了吗？既然如此，就拿出勇气把自己纳入那永恒的循环中吧。

在悲剧中并不表演和展示什么，而是进行着新神反抗旧神的斗争，由于语言作品产生于民众的语言，因而它不是谈论这种斗争，而是改换着民众的言说，从而使每个本质性的词语都从事着这种斗争并作出决断：什么是神圣，什么是凡俗，什么是伟大，什么是渺小，什么是勇敢，什么是怯懦，什么是高贵，什么是粗俗……

——海德格尔

时间已至正午，正午的裁决已降至我们头上。在那个看不到自己影子的时刻，纯粹的人显现出来。生存是一种斗争，最残酷的斗争发生在我们的内部。在这清晰的时刻，瞬间在决定我们,我们必须回答生存本身的提问。

从真正的敌对者那里有无穷的勇气输入你的体内。

——卡夫卡

在我们拥有了一个针对的目标时，我们的精神就会集中并紧张起来。在这个过程中，人和手中的武器、目标要合而为一，最后一击而中。此时，存在者置身存在之中，集手段、目的于一身，完成闪电般的动作。这是说，人，要随时清空自我，才可以静制动，在瞬间决断的刹那，恍然如在下意识里，完成自我的投射。

理解这种幸福：你所站立的地面之大小不超出你双足覆盖的面积。

——卡夫卡

沉默，倾听，伫足于咫尺之间。放弃意志的执着，安于灰尘的飘落。你所承受的那些微贱之物，竟使你的心如镜子般明亮，那网罗你的如光线般向黎明辐射。你放松自己，直至无有。那捕捉你的，终成为一种透射阳光的光线。那些阳光里的灰尘不正好是你散漫自然的思绪吗?

我们称这种被凸显出来的，通过良知而在此在自身中证明了的，真正切身的打开状态——僻静的，准备好去畏惧的，向着最切己的债责存在的自身投射——为决断。

——海德格尔

人的终局是确定的，也就是说，每个人都是一种被判了死缓的动物。死亡已先行设定在人的生存之中，死亡是人生的背景和人的终极视域。我们本来自尘土，终将归于尘土。我们的开始和结束是连在一起的。面对不可改变的空无，生命将做出自己的回应。虚无刷新我们对各种价值的判断，人为自己立法。我们将以投入死亡的方式来回应其深不可测的问询。

在一个突然被剥夺了幻觉和光明的宇宙中，人就感到自己是个局外人。这种放逐无可挽救，因为人被剥夺了对故乡的回忆和对乐土的希望。

——加缪

在深夜的长街上奔跑，跑过两侧高高的楼房，街道一直向前延伸着，没有尽头，街上唯有它和它拉长的影子，犹如梦一般奇特的造型。当它停在夜最深处的时刻，人们都已在深深的梦中。但最深的梦是它后面旋转着星星的夜空。在这城市的荒野，它是孤独的，没有家也没有停留的地方，陪伴它的是街上嚎叫着的风和它拉长的影子。长长的街道没有尽头，它将继续奔跑，跑向更深的夜，向着街道的最暗处。

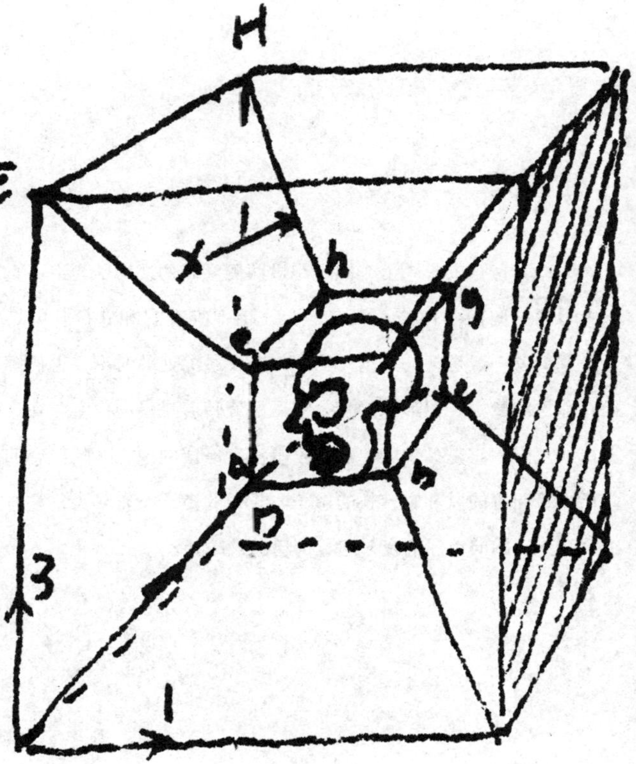

为了生存你必须越过死亡，最纯粹的存在是洒下一腔热血。

——博纳富瓦

生命的本质是不可用数字来衡量的，它在数字所够不到的地方呐喊，它所形成的能量，接近于零和毁灭。只要我们还在，这本质就醒着，逼视着，并从深处唤醒我们，以面对我们真实的处境，寻找和本质相应和的道路。

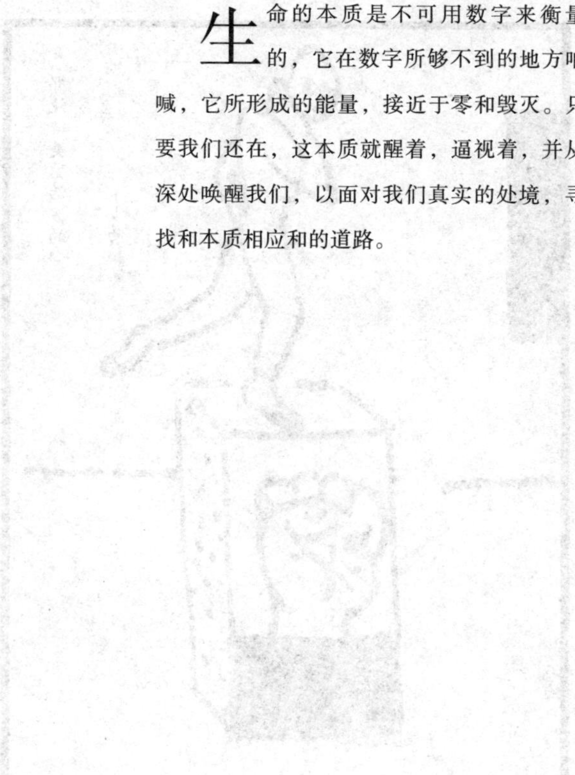

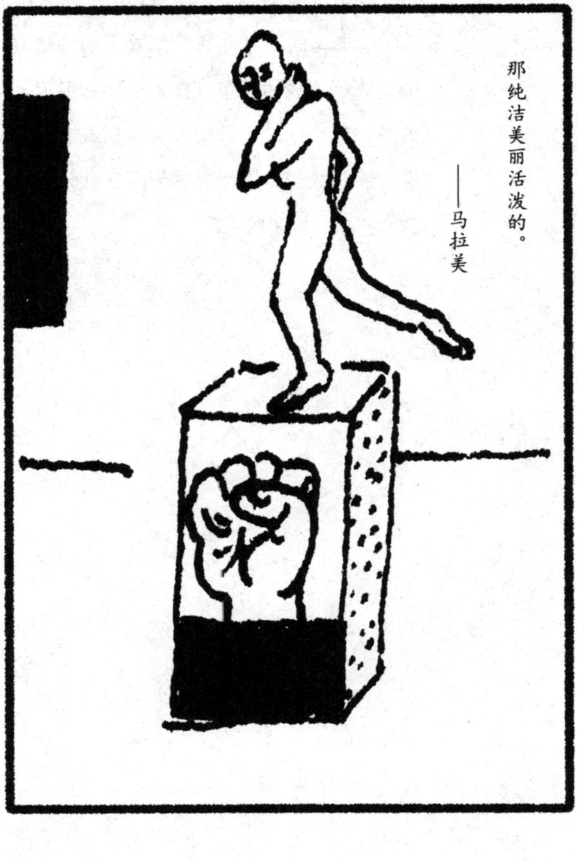
那纯洁美丽活泼的。
——马拉美

像鸽子一样跳跃的，是一个下午线条简洁的肖像。她在舞蹈，为了这个白天。她就是舞蹈本身，如同鸽子就是飞翔的翅翼。飞翔于愤怒之上，鸽子就是她洁白的翅膀，她有着小小的密封的心脏。而愤怒是沉默，那等待爆发的心脏。这两个符号的结合，会找到诗的纯洁吗？在击打和温顺之间，你将学会注视。

在这个可能性之间，在存在与无之间，存在着存在者。每个实体通过存在变为存在者。『人的存在』诞生了一个存在者的世界。

——海德格尔

一支微小的烛，也可以给这广漠的夜空以点滴的光，并和心的寂静相应和。点亮吧，如果你不去点亮，就不会有微风轻拂，火苗就不会颤抖，人就会在旷野中迷失方向，道路就被封锁在咫尺之间。而星云滑过的天空，将为你指明那深邃的夜景，你将安于这转瞬即逝的光明，这旋即消失的星的轨迹。这之后，依然是合拢的夜，你和那微光一起，汇入这气息流动的荒野。

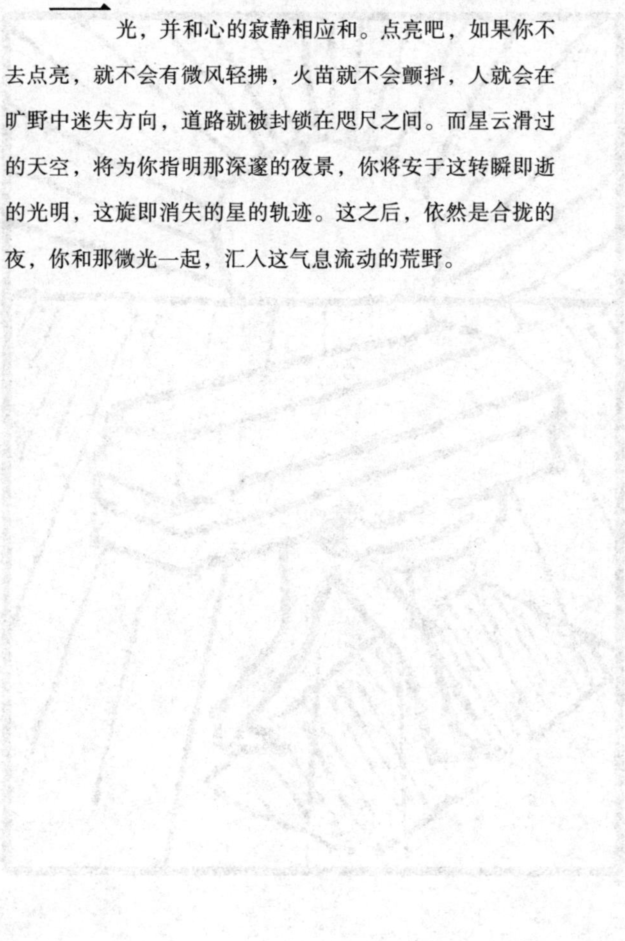

我的反抗、我的自由和我的激情。

——加缪

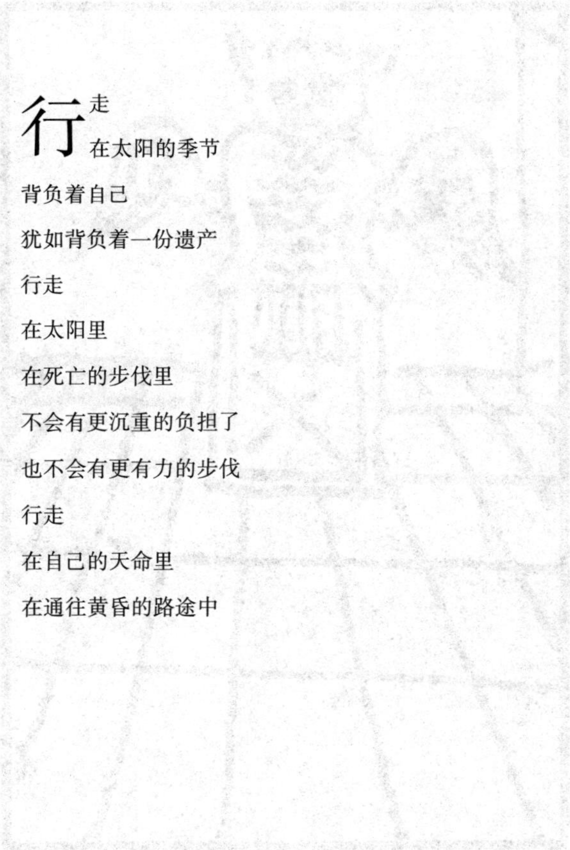

行走

在太阳的季节

背负着自己

犹如背负着一份遗产

行走

在太阳里

在死亡的步伐里

不会有更沉重的负担了

也不会有更有力的步伐

行走

在自己的天命里

在通往黄昏的路途中

动物脸孔的木然惊呆并不是一张死脸的僵固。在这种木然惊呆中，动物的脸孔畏缩了。它的样子聚精会神，为的是有所克制地直面神圣者，观入“真理的镜子”。观看在此意味着：进入沉默之中。

——海德格尔

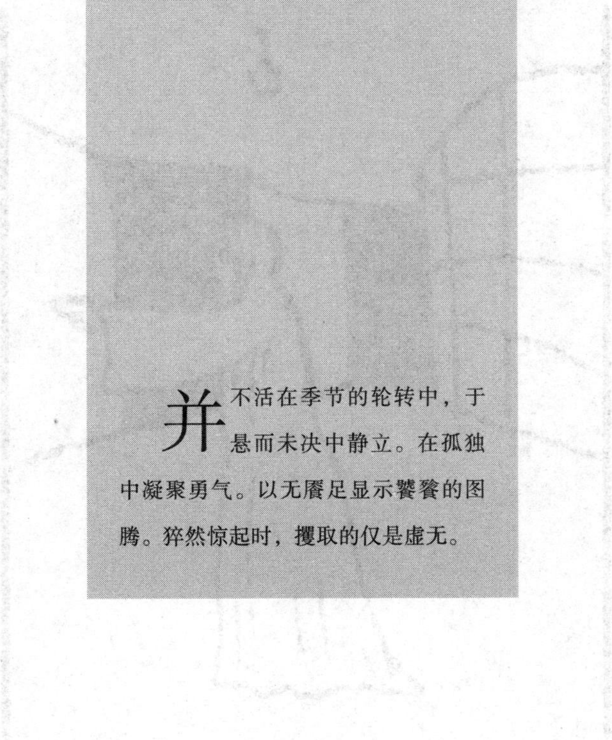

并不活在季节的轮转中，于悬而未决中静立。在孤独中凝聚勇气。以无餍足显示饕餮的图腾。猝然惊起时，攫取的仅是虚无。

所谓祈祷，就是黑夜在思想中降临。

——阿兰

去吧，把祝福带给那些病者
去倾听那些无告者的话语
并收容那些流离失所的人于你语言的荫凉中
去和那些洁白的鸽子翅膀一道飞翔吧
让温柔的手推开阻挡的墙壁
给那些恐怖者惊悸的内心以安定与和平
给孤独者以永不离失的伴侣
让黑夜之灯永不熄灭
给死者以永远的慰藉
给贫寒的世界以爱吧

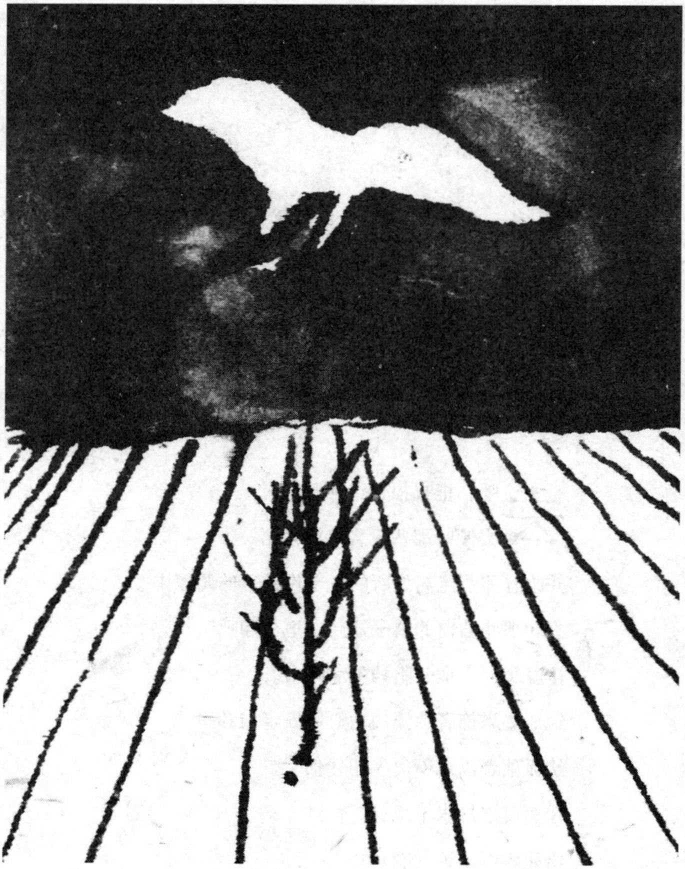

我是一棵孤立的枞树，独自地自我封闭着，指向天空，却不投下一丝阴影，只有斑鸠在我的枝上筑巢。

——克尔凯郭尔

这天地间飘飞的舞者，不知从何而来，也不知向何而去，犹如舞者无所留恋的舞蹈，在风中没向茫茫夜晚。它的影子在连绵不绝的消失中，保持着没有方向的自由。它忽大忽小，忽上忽下，似乎寻找着自己将在黎明中显露的孤单凄冷的身影，这身影将是光明的一个小小的信托。

亲爱的，当你偶然做梦，大声喊出我的名字，温柔地战胜我们共有的惊惧、我的孤独的黯淡无光，夜晚明亮得可以穿越。

——勒内·夏尔

在这夜晚的飘扬中，人的信息在同一片天空下舞蹈。孤立的思想也要打开它的边际，以汇合到人的总体性中来。纷飞的思想应和着宇宙的广大，人是团结的，并不是孤立的。

我联结着一朵玫瑰。

——勒内·夏尔

有一种安宁，有如柔和的暗屋里的烛光，笼罩着我们的内心，那是我们不能缺失的，它保护我们的心不至于完全裸露于过于粗砺的现实中。这让我们可以从容地遵循内心所指定的方向，即便是在狭小陌生的区域，也可以悠游地散步。我们把壁垒变作道路，将孤独化作仪式，我们和那柔和的光合二为一，并遵从它那不易被觉察到的暗示。显然，失去了这光，我们的生命将不再是完整的了。

每一次主动的大幅度的选择，是创造精彩生命的唯一道路。

——萨特

一个起点，给我们美好的印象，万象的更新汇聚于一点，可我们要认识到那促动我们的并非仅仅是一个明确的目标。目标是暂时的，而给我们跃动的力量却源于一种永不枯竭的空无。我们如不能置身其中，我们的力量就会耗尽于中途，被目的反转。正是空无，使我们是活的，生长的，瞬息万变的，目的只是我们生命力的一个指向，而趋向这个指向的生命展开过程才是更重要的。

灵魂有着怎样的坚忍，能如此地忍受那脚步靠近的声音，和一扇门的开启！

——迪金森

动者不动。奔跑的步伐仅保留在动的姿态上，并不能向前迈进一步。他是不动的，这是显而易见的。可他在不动中又是动的，你看见了他的步伐，一步连着一步地向前迈进。可以说，这是一种静止中的走动。他冲破外表，在一种盲目的注视中，永远走动着，也永远地静止着。我们听到咚咚的脚步声了。这是一步即将达到目的的最迅疾的运动。

智慧的发现

真的有一种智慧

能够使我们从

迷乱狂悖的生存痛苦中

摆脱出来吗？

我们在这里尝试着探讨一种叫作

沉默　　或

无为

的状态。

人的自然生活才是人生。

——卡夫卡

在河流中，人回到了他质朴的亲近性和原始性中来，河水抚摸着他的身体，给他以安宁和慰藉。河流终日流淌，像时间那样持久绵长，连接着星空和大地，他知道，人天然地属于自然。可城市却把人与自然隔离开来，甚至把人与人隔离开来，在这样的一种文明中，人远离自然，也渐渐远离了他身上属于自然的那一部分天性。此刻，这个置身河水中和星空下的人，也许是在祝福吧，祝福睡眠像微风一样降临，祝福每一个人都不再孤独，祝福每一条街道都通往心灵，祝福友谊，祝福爱情，祝福那颠倒的一切再重新颠倒过来。

把自身保持在这真理中。

——海德格尔

窗外的院子是空空静静的，大概是一个早晨吧，有雪。屋内无人，一支梅在窗前绽放，那是我们心性的纯净花朵，应和着窗外雪的反光。虚室生白，人之存在，乃是无蔽的光明。

既然存在，就有理由。很多看似随意和偶然的事或物，其实绝非随意与偶然。

——萨特

时间，在最精确的计算中流逝，而那对应于虚空的折叠的纸张，却是不可计算的，它是一个具体而又抽象的物。这个陌生之物的出现，直逼我们的视觉，超出现实的秩序，成为宇宙间一个独立的存在，它使我们获得了一个新的时间经验：一种直接可以看到的时间。

良心经常以沉默的形式来讲话。

——海德格尔

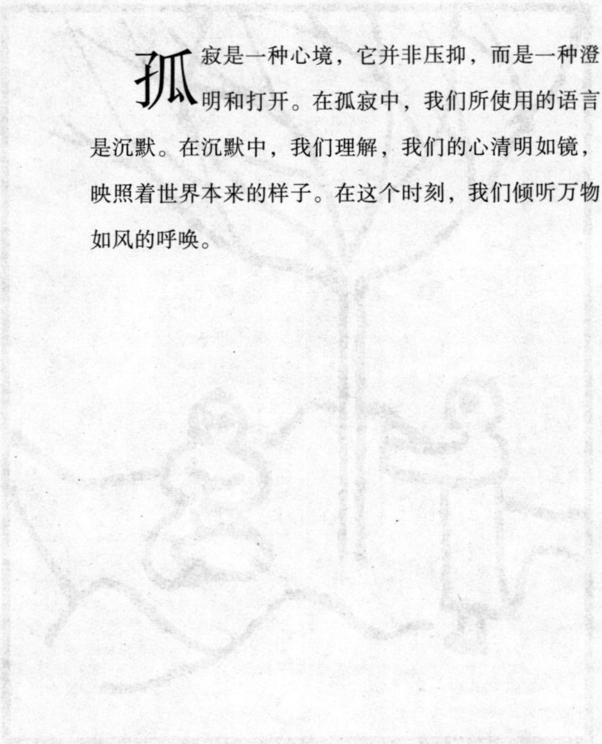

孤寂是一种心境，它并非压抑，而是一种澄明和打开。在孤寂中，我们所使用的语言是沉默。在沉默中，我们理解，我们的心清明如镜，映照着世界本来的样子。在这个时刻，我们倾听万物如风的呼唤。

人生的本质是诗意的，人诗意地栖居在大地上。

——海德格尔

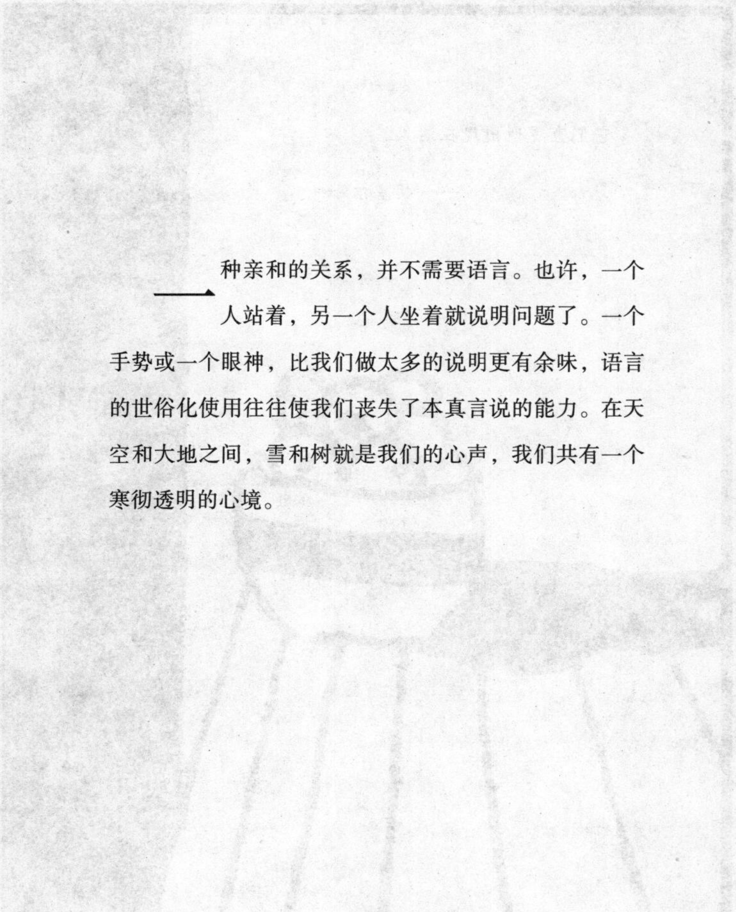

一种亲和的关系，并不需要语言。也许，一个人站着，另一个人坐着就说明问题了。一个手势或一个眼神，比我们做太多的说明更有余味，语言的世俗化使用往往使我们丧失了本真言说的能力。在天空和大地之间，雪和树就是我们的心声，我们共有一个寒彻透明的心境。

它们直观地出现在这里。
——胡塞尔

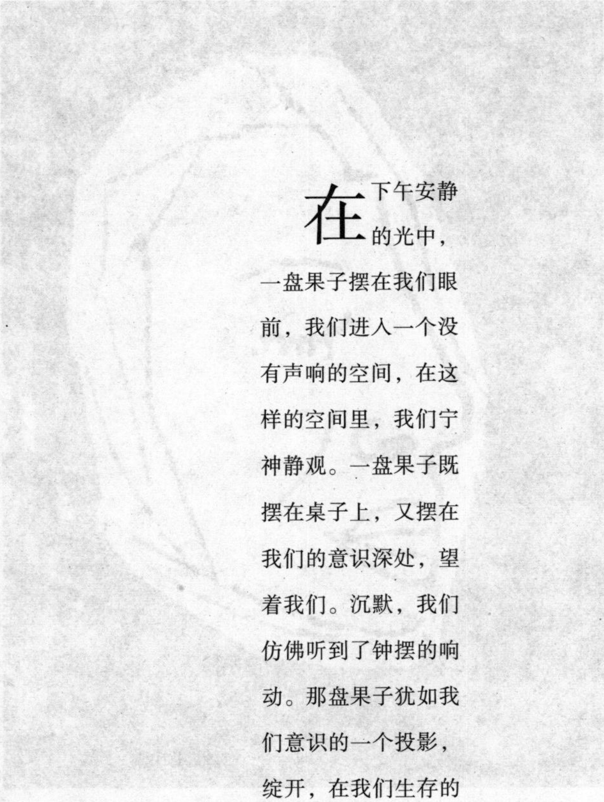

在下午安静的光中，一盘果子摆在我们眼前，我们进入一个没有声响的空间，在这样的空间里，我们宁神静观。一盘果子既摆在桌子上，又摆在我们的意识深处，望着我们。沉默，我们仿佛听到了钟摆的响动。那盘果子犹如我们意识的一个投影，绽开，在我们生存的内部闪光。

伟大的情感携带着各种不同的天地——光明灿烂的或贫困痛苦的天地——与自己一起遨游。这些伟大的情感用自己的激情照亮一个独特的世界，并在这个世界中又遇到了适合于它们的气氛。

——加缪

命运给予我们的那些贫困、孤独、耻辱、丧失，我们能反抗吗？过度的苦难有时使我们陷入深深的沉默，不愿说一句话。可也正是对苦难的陷入之深，加深了我们对世界和人的理解，我们生命中深刻的部分，皆与苦难息息相关。对苦难的承受，使我们的心不是变得贫瘠，而是更加柔软温暖了，并且更能理解和同情别人的苦难。要知道世间皆苦，这使我们能保持一颗平等心。因此，苦难何尝不是命运赐予我们的礼物，它使我们懂得了悲悯这样一种情感，并让我们对命运心怀感激。

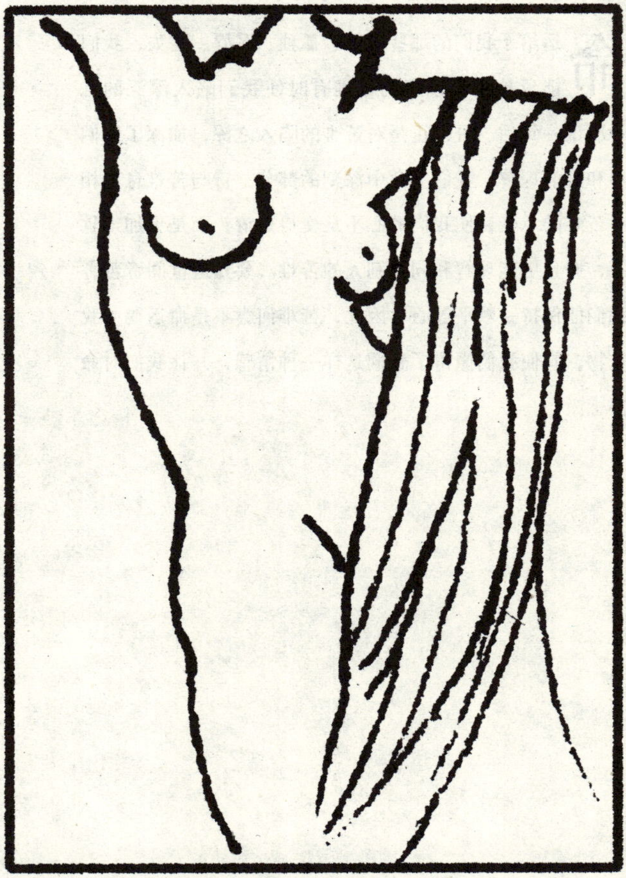

一朵花的美丽在于它曾经凋谢过。

——海德格尔

能够带给我们美和真实感受的事物，有时未必一定是全貌。一种缺失的美，往往具有更深刻的内容。不完美却真实，这是可能的。因为对完美的崇拜常常钝化了我们的感觉。而被打破的完美，却因为整体的破坏而获得陌生的尖锐感，由此显示了一种有效的形式，这样的形式使局部成为整体，更逼近我们的视觉，使我们可以从新的角度来认识事物，这样，那过于熟悉的在我们眼前重新变得陌生，我们体验到了一种崭新的美。

在空无里——什么在那里？
长号乐章
深入这炽热的
空白台词
在火炬的高处
在时间的洞中

——保罗·策兰

寂静在聚集着，像一个根部，强力地将我们吸附在一个狭小的地方。这地方似乎是耳聋者的家，却使他能够专注于倾听。那封闭隔离着外面的市声，却净化了生命，使之趋向没有杂音的静的聚拢。当这寂静达到无限盈满的时候，渊默而雷声，我们就会忽然听到最响亮的爆发，一种空白所发出的纯粹之声。刹那间虚空粉碎，犹如一种顿悟。

没有一双眼睛能抓住它。它鸣叫，这是它的整个存在。一杆细瘦的枪就要将它击碎。这，就是心。

——勒内·夏尔

万物皆由心造，心即宇宙。当心裸露于光天化日之下时，就会独立于四季的运转，进行由近及远复又由远及近的运动，与自然的律动相谐调。此刻，心敞开了，相对于万物的生成，人进入了生灭不已的真相之中，人有如生活在第一刻，并直接触摸到了事物粗砺的本质。而生存也只能是在这样的触摸中才是具体可感的，人在源头上为世界命名。

诗人从跃动、喧嚣不已的现实中唤出幻境和梦。

——海德格尔

超越现实的祥和有一种怪异之美，放松的心态能使人们进入陌生的奇境。在无序的游戏中解放自己，与人结合为一种散漫的关系，共同介入，现实的敌意在一种狂欢的氛围中被消解了，人们从各种僵硬的关系的捆绑中跑了出来，世界被刷新，节日开始了。

在对事物的思考中，我信任语言，它自己会出现，而不需要我去考虑它——语言只有当我们不直接需要它时，它才是真正的语言。

——雅斯贝尔斯

人的表达并不仅止于说出来的那一部分。有时肢体语言在行为中有更好的效果。比如在游戏中，肢体表达所应具有的协调性，关系到他参与其中的程度。他以自己的动作呼应他人，并灵活地与他人的动作结合起来。这意味着在一种谙熟的规则里，人们以彼此的动作交换着一种心绪。在这里，说是多余的，也无法尽其复杂的意蕴，只有心领神会的默契才恰如其分。在这种暗示的语言的使用中，我们会了解到这样一个事实，即自己并非自己，而是与我们相遇的他人。当我们进入一种和他人的关系时，我们身体中本能的协调性才会被打开，我们开始了生活，自我被完整地理解为世界。

每一个人都具有无穷的现实性，一个人如不尊敬他人，他就是傲慢和自负的。

——克尔凯郭尔

在不平衡中平衡，在平衡中嬉戏。静与动，升与降，上与下，一与多，危险与安全，大胆与谨慎，都在同一种力的把握中。此刻，我即是你。

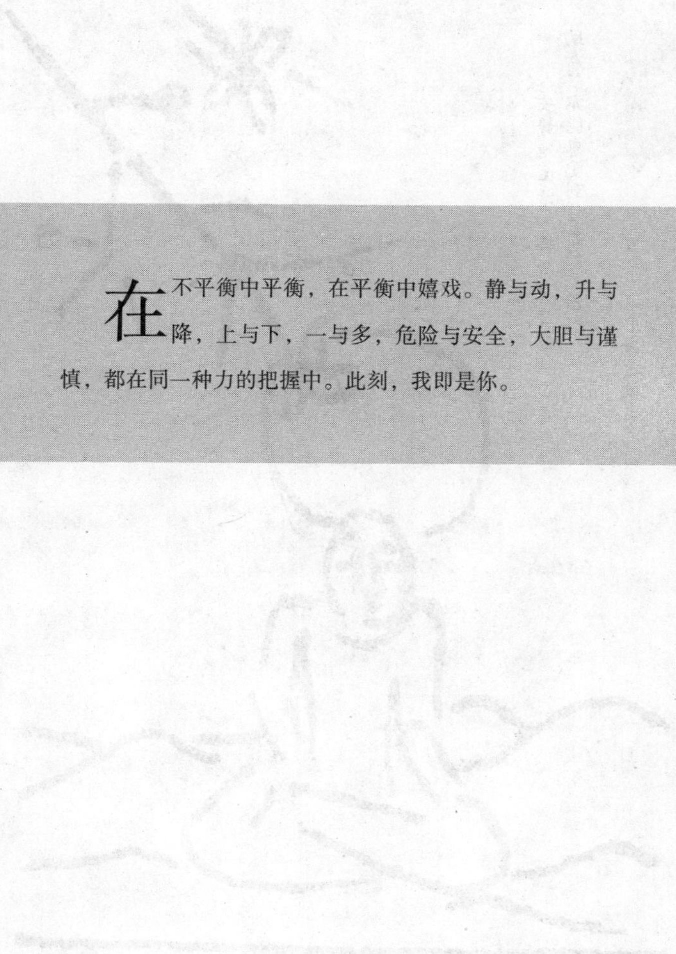

人安静地生活，哪怕是静静地听着风声，亦能感受到诗意的生活。

——海德格尔

山间月明，梅花早放，清冷之中，人已入于冥冥默默，无须言语，无须出境入境，当此月圆之时，雪就是雪，梅花就是梅花，这个就是那个，再无其他。

聆听你自己，以你的嘴。

——保罗·策兰

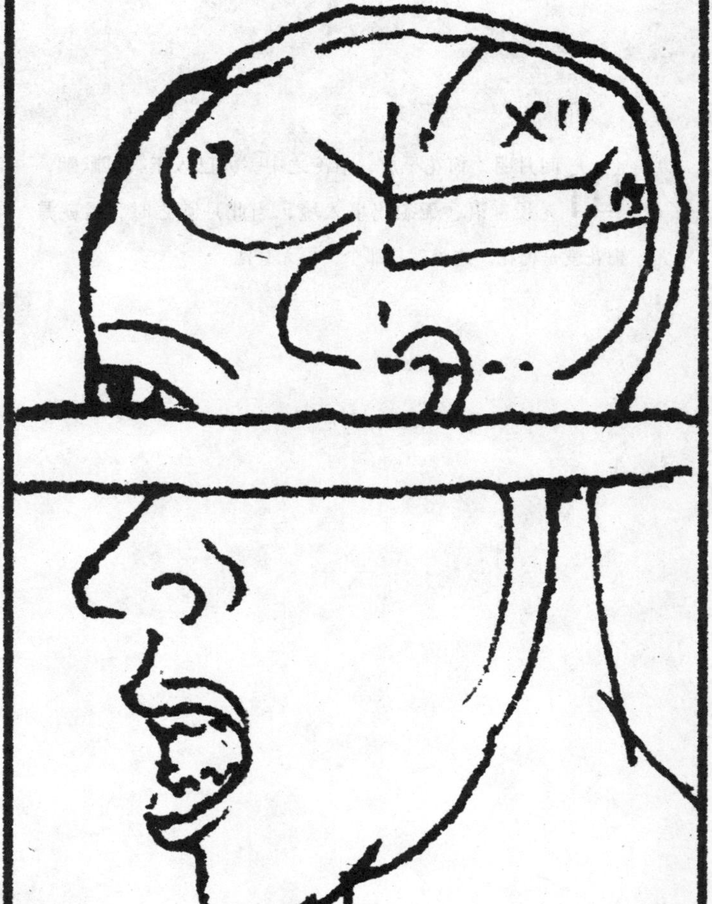

人之全体，应该是理性与情感的统一，若截成两端，上下半身彼此相克，就会出毛病。理性压抑情感或情感完全不受约束，都会导致精神的紊乱。人即在理内，亦在情中，情理不分，势如水乳。这样的人，可谓之通透，谓之本真。然两者的统一何其难也，因为那需要一种浑然整体的知觉的统一。

必须凸现的整个一生
击出致命的一拳。
这是武器，
无。

——勒内夏尔

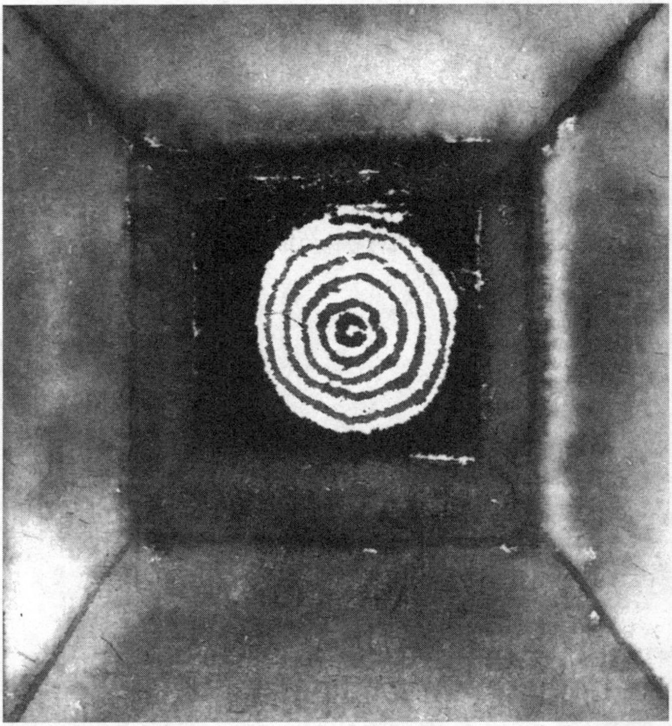

目标就在那里，人还没有到来。目标是明确的，孤悬于此，于等待中显现。空气在凝聚。那个缺席者正在中途，并以他的缺席而使目标越来越明确，迫近眼前。只要他一出现，就如惊鸿之一瞥，一击正中鹄地。

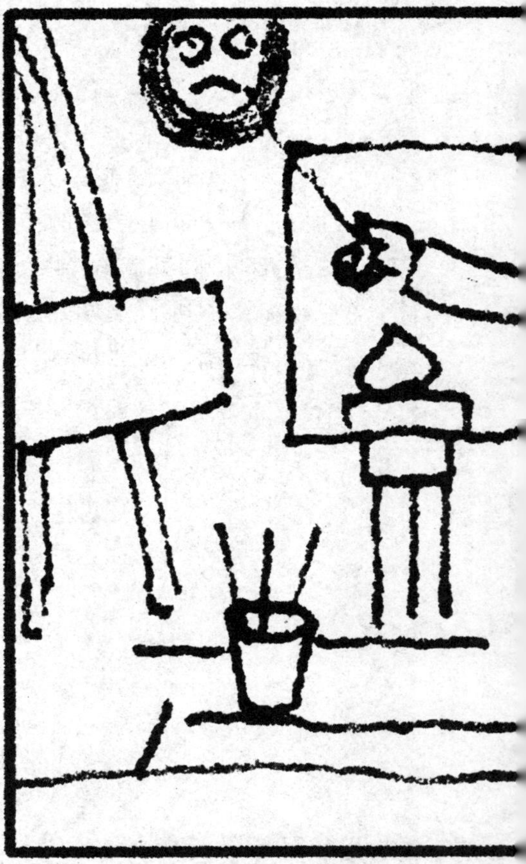

荒谬的人沉溺于这种没有根基的立场，这里就有一种解放的原则。

——加缪

在一个假日的氛围中，事物似乎有了一种彼此间的吸引力，无所谓真假，无所谓黑白，也无所谓是是非非，事物集体陷入一种佯谬的关系中。这是一种思维混乱的状态，是超现实主义者所谓的自由联想，在对人的潜意识的激发过程中，人和万物都从常识的惰性中解放出来。

愿我热爱通过全部身体的迟钝整体与星辰连接的人。

——博纳富瓦

在一个因果并置的空间里，存在着一种超出线性思维的共时性法则，这个法则更多的诉诸直觉的感应。我们置身神秘的共时性中，每一件事情的发生都直接或间接地与我们有关系。但这种关系是暗示给我们的，需要智慧和直觉的领悟力。如果我们意识到了，就会抓住隐微之几的预示，而一下子找到让你困惑不已的某个问题的实质。

我漂浮着，纯粹的存在，
已无我自己。

——帕斯

那神圣的
祥云朵朵

游于庙宇之上深深的沉默

给万物予祝福

金色的手加于我们的额头

风涌起

堆积寂静于观望星宇的窗口

而顶天立地者的话语

一直传到我们生活的这个时刻

若风般鼓荡

永不消歇

每一场所的先行上到手头的状态是上手事物的存在，它在一种更原始的意义上具有熟悉而不触目的性质。

——海德格尔

与自然冥合的力量，将会找到自然的机枢，以上手的状态进行操作。人在这种状态中是必会忘掉自己，与力合一。人处于无意为之的境地，超越生死。他听到的响声，他是一个瞬间，一组连续的动作，或者说，他就是动作本身，力量本身，并因此而超越了行为本身的限定，纳入整体运行的圆环中。

那进入的事物。

——保罗·策兰

在生活中，我们往往因为注意力的过于集中反倒使目标变得模糊，当你放松下来，渐渐忘了这个目标的时候，它却可能清晰起来。这使我们有了反观自己的内心的机会，并接近一种更内在的视觉。这是这样的一种心理机制：也许，只有在我们放弃看的时候，我们才能看到更多，甚至是全部。同样，当我失去了很多的时候，尤其当我安于丧失的时候，那失去的一切却又奇迹般地返回，而且更新鲜，也更具有不可丧失的永久性。

这是时间的眼睛。
——保罗·策兰

我们是沉默的，并且在沉默中发光，在沉默中寻找着语言。我们折射了不同的景象，在这形形色色的差异中进行选择，并因此而焦虑，犹如歧路之亡羊。焦虑的痛苦使我们进入更深的沉默，犹如进入了一个盲视的点，并专注于这个点上。因了长久的沉默和注视，我们成了自己的陌生人。长此以往，总有一天，会有忽然的顿悟发生，一种放松的意念使我们安于沉默与注视，明亮的时刻开始闪现，我们从焦虑和痛苦中摆脱出来。也许，对于一些以解脱为终极目标的人来说，放弃选择不失为最好的选择。

我听见他们呼唤，生活，这唯一的庇护。

——保罗·策兰

安静降临的地方，并不需要太多，也许只要一点下午的光，和一个角落。在这儿，就连灰尘也是寂静的，主人也许不在，可当他回来的时候，他就会在这儿吸烟，心绪和烟缕一样透明。在一种凉爽的秋日感觉里面，他会很舒服地坐着，在阳光中有所期待。那发生的，都是自然到来的，那写下的，都是生活简单的证词。人在一个边缘的生活，并非与真相与本质相悖，反倒可能更清晰地见证了某种素朴的真理。

美就是为更高的权力效劳。

——索德格朗

温柔的肃穆，使我们接近一种悲哀的情感，犹如宁静之光的降临。灰色的调子笼罩着我们的心境，回荡着广阔的大提琴的低音。爱，有时是隐而不显的，循序渐进的，超出人激烈的行为之上，无言地安慰着我们，使我们没有着落的灵魂安定下来。有人说，爱近似于一种绝望，那是因为爱只承受而不表述，甚至仅仅是一种心境，一种自我的暗示，并不要求回应。然而，正是因为这种情绪的护佑，人在内心中建立了与他者的联系，类似祈祷，并能够开始安居下来。

除了感性世界外，语言只能暗示性地被使用着，而从来不曾哪怕近似于比较性地被使用过，因为它（与感性世界相应）仅仅与占有及其关系相联系。

——卡夫卡

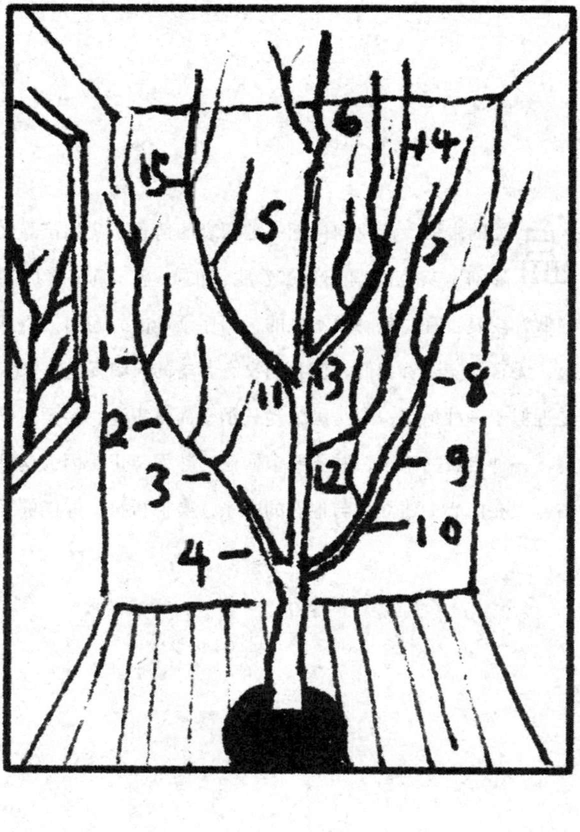

我们看到的事物，大多是这个事物的概念在我们头脑里的条件反射。我们可以抛开这些概念像是第一次那样来看它吗？事物的真实面目被隐藏起来，我们熟视无睹地经过它，叫出它的名字，说出它的枝叶，却根本没看到它。去直接地看这个事物，使它忽然生动起来，这需要我们回到那个未经命名的世界。在这儿，我们心明眼亮，事物闪烁着它本真的光，甚至，那些分解它的数字也会在从记忆中涌起的时候，显示出神秘的样子来，思想和命名本身就是直观。

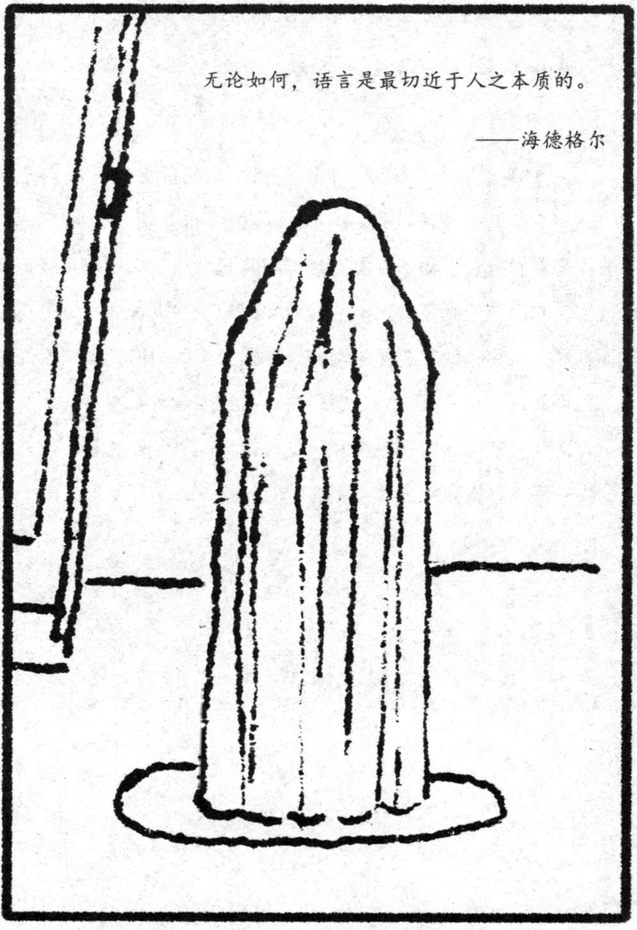
无论如何，语言是最切近于人之本质的。
——海德格尔

那隐匿自身的人，在隐匿中去寻找表达。当语言被用熟了后，无语岂不更充满意味？这是一种更近于本真的思的方式，比如诗歌。在诗歌的这种运思方式中，语言犹如器皿，以其空虚盛纳源源不断涌来的意义。因此，隐匿者并非是失语者，而是选择了更真实的言说，当然，这样的言说是不易辨识的，它依赖人充分敞开的状态，它并不灌输什么，只是启发人进入真理那原初的光芒。

于是我想到光的进程，在没有生也没有死的国度。

——博纳富瓦

面对沉思者，那个在沉思面前惊讶的孩子，也许是更自由的，也更接近沉思者所指向的人生之谜题。陀斯妥耶夫斯基说过，孩子(七八岁以下)和成年人不是同一种人类。为什么这么说呢？陀斯妥耶夫斯基没给我们答案。不过我们可以想象，在孩子那儿，生活尚未形成既定的模式，从语言到行为，都是没有目的的、发自本能的、很少受到约束的，与成人世界甚少有共同之处。一个成年人如果像孩子那样行动就会被断定为精神病。因之，孩子的世界和成年人阴郁的充满欲念的世界是完全不同的。他们的欢乐是可以达到神一般的极限的。当然，孩子也不会理解成人世界里为什么有那么多的压抑、痛苦和绝望。陀斯妥耶夫斯基说他喜欢观察孩子们，也许，在他们那儿，看到了他寻找了一辈子的上帝了吧？

此岸与彼岸

我们倾生命之所有，就是要体验生活瞬间展开时的真味，当此之时，此岸的生命将绽放为彼岸的花朵。

因为精神之本质在于燃烧，所以精神开辟了道路，照亮了道路，并且上了路。作为火焰，精神乃是“涌向天空”并且“追逐上帝”的狂飙。

——克尔凯郭尔

世界是一团永恒的活火。人必须投入其中，以获得火的积极的形象。人通过自然的元素进入世界，并通过与这些元素的对应与结合而提取精神的能量，这本身就是人为自己命名并予世界以象征的过程。这样，人通过将生命投入世界的象征而获取内容，人以对自己的自然生命的否定而获得超越的本质。在这个意义上，人是自我的破坏和焚烧者，以此来净化本能带来的渣子，并创造思想的光明。

心灵的纯洁就在于只去意欲一件东西。

——克尔凯郭尔

你走过，平静地走过
你缓缓走过
在这白雪覆盖的大地上
听不到你的声音
你头顶的星
那唯一的星
孤独地闪烁着
给你以守护与照耀
没人知道你的名字
和你出发的地方
与你在一起的
唯有灵知独放的光芒
你穿过雪夜的寒冷与荒芜
穿过穷困、死亡和牺牲
认清泪眼中模糊的道路
却带来温暖、悲伤与爱情
留下有关幸福的诗篇中的字句
你走向人群、牲畜和大地欢庆的节日
走向没有栅栏的自由
并以悲悯安抚动荡、恐惧与不安
你走过，仿佛并没有真的走过

所有的土地上照耀着一个钢的太阳，让你播撒开胜利的剑。

——聂鲁达

那残破的遗迹，经过时光的更迭，就在这被阳光刺透的一刻，显示既往的威力，并服从未来之显豁。

因此，我们称将来、已在、当前这些已被刻画的现象为时间性的“出神态”或“逸出态”。

——海德格尔

空寂。当此时刻，众缘集于一，空无贯通诸世。那出世者，即入世者，那无我者，即解脱者。

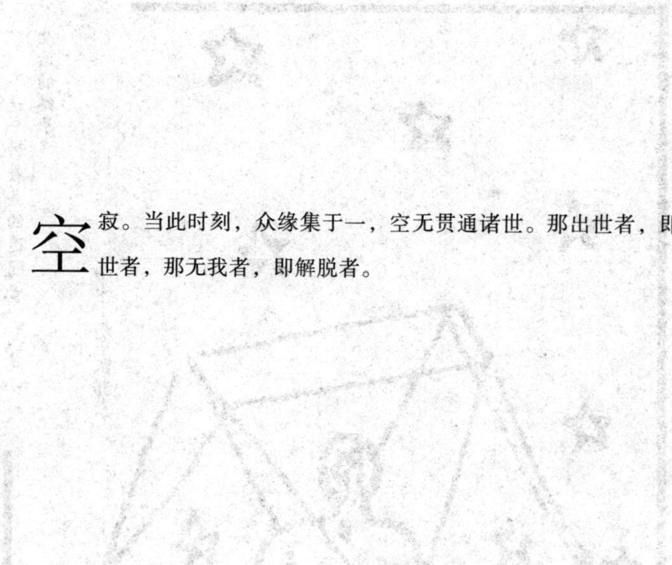

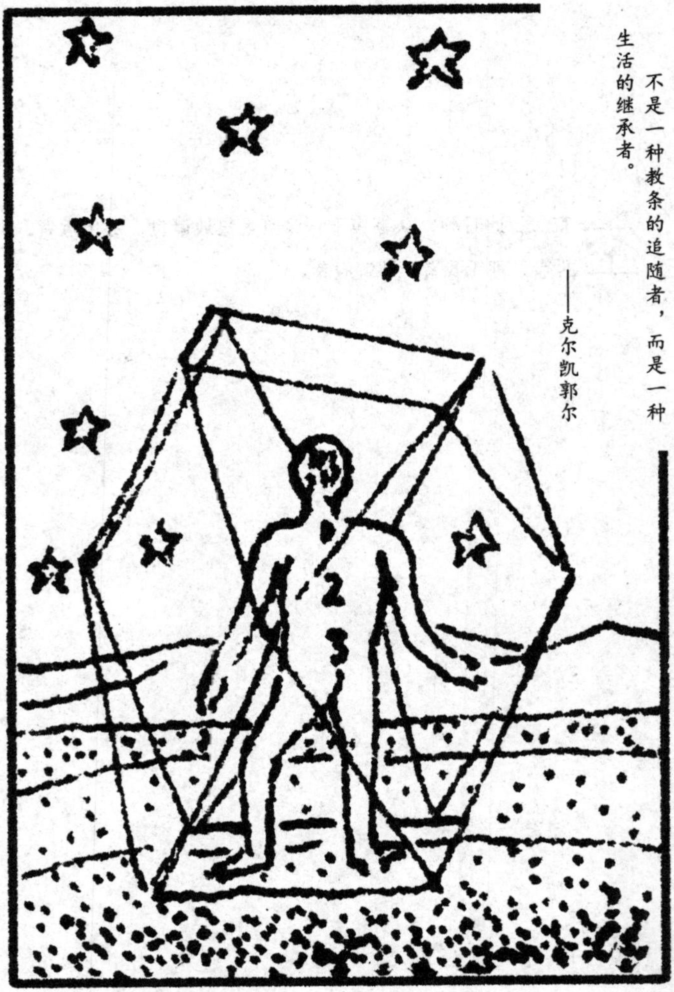

不是一种教条的追随者，而是一种生活的继承者。

——克尔凯郭尔

在天空和大地之间，人的尺度何在？那天地万物所结晶的人，其珍贵之处在于他同时也是天地万物的感受者和理解者。没有人，何言天地，何言万物，又何言宇宙？在这个意义上，人是万物的尺度，可我们必须反复追问，人的尺度何在？“吾心即宇宙”，这句话是否已经清楚准确地指明了尺度？这是东方人的答案，可心又指什么？这又把我们引向一个更大的谜。由此，我们开始了对自我的反思，这不仅是一种思维训练，更是一种天人合一的实践。

我教你们对永恒之流的解脱：这条河流总是一再流回到自身之中，而你们总是一再作为相同者踏入同一条河流。

——尼采

永恒是一种空旷，时而被推向远方，时而又迸逼眼底。敢于与永恒对峙的，是那需要不断重新塑造的自我。自我立于时空变幻之中，以天地为大冶，从芜杂中提炼出纯精。那由纯精锻造的面容，将统摄那循环往复的运动。

在召唤中被召唤的到达之位置是一种隐蔽入不在场中的在场。命名着的召唤令物进入这种到达。

——海德格尔

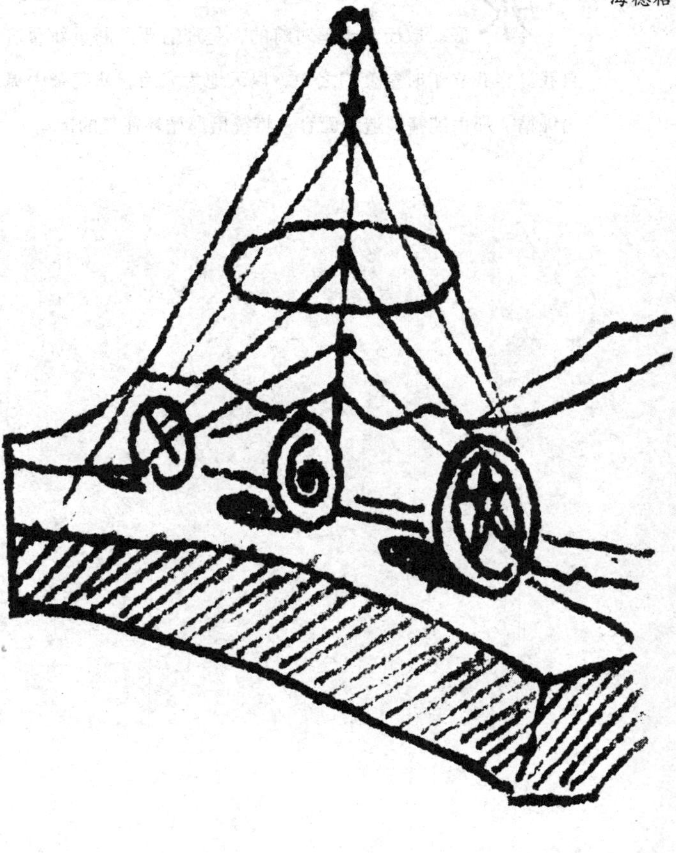

有生于无。在向着自然的生成中，人类文明的车轮滚滚向前，从语言的产生到文化的象征性体系的不断更迭，人类走过了一个又一个时段。而到了今天，我们所生活的这个时代，工业文明几致自然陷于枯竭。我们还能够回到那个原始的出发点，那个无所主宰的始源吗？如果我们想要重新找到语言所具有的整体的象征力量，把人从孤立的自我中拯救出来，就必须回到人的发源：人的那种向着象征运动的本能精神的整体欲求得一个意义，人类对世界的命名是不可遏制的。

唯有富于灵魂的活物才能够实现自己的本质规定性。借助于这种能力，它便适宜于相互承受的和谐;一切生命体由此得以共属一体。依照这种适宜关联来看，一切活物都是适宜的，即善的。但这种善是痛苦的善。

——海德格尔

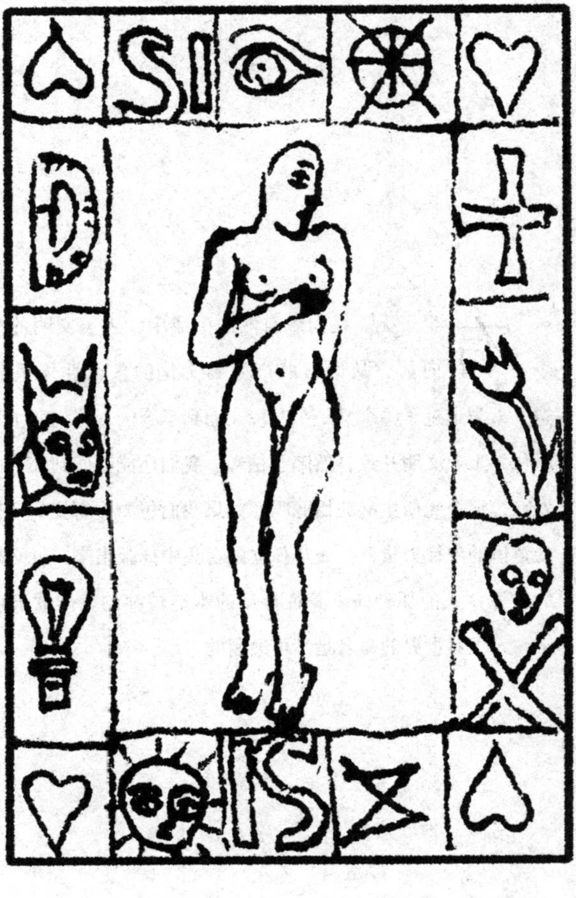

不同的符号以不同的方式诠释生命，人之生命的复杂性在于他是不同性质的组合，是矛盾的结合体。一个丰富的人就是这些复杂的因素相互折射而成的整体，当这些元素都能发挥的时候，那真正的单纯才能放射出光彩。世界充满了人，而每个人都是一个世界。

向终结存在不是通过也不是作为时而浮现出来的某种态度才产生的；它本质地属于在现身情态中这样那样绽露出来的被抛境况。

——海德格尔

注目，向着无可奈何之地。回答，犹如蝉蜕。倾听，那只手之声的爆发。涉度，于身体的彼岸。

我们是一场从未结束的胜利。

——勒内·夏尔

向着太阳，有着整齐的来自远古的队列，经过时空的隧道亘古而不变，并把这光芒四射的理想传递到我们手中。向着太阳，就是面对着一个严肃的自然所赋予我们的不会磨灭的冲动，这将造就新的信念，引领我们穿越人生的迷惑，给我们打上确切的人的标记。

灵魂在歌唱，面对天空，梦想另一种歌声，只有颤动的光线，生命的完全寂静。

——帕斯

世界是多个窗口的敞开，由此，纷繁的物象向我们涌来，并给我们以来自天空的启示。这启示由远及近，循环往复，鼓荡不已。这样，人通过对自然的符号化，找到了以象征的方式命名世界的可能，由此，自然成了人化的自然，物打上了人的印记，向我们显示了它们和人的心灵交相辉映的神秘的光。正是因了各种不同意义的相互映射，汇成了世界沉默的整体，这个整体是以人为核心的，人沟通天地，为万物的性灵与通感。

我们就这样走在一个巨大天空的废墟上，地点在远方完成，一个命运在强烈的光中。

——博纳富瓦

在清晨的阳光中，昨日的梦还没有消退，今天的生活已经开始。人们从旧日残留的废墟中，迎接崭新的日子。荒芜既是一个出发点，也是我们置身其中的现实，我们看到的，是昨日的旧梦，未来的无限可能和生存的无根性，这却给了我们重新开始的自由。在此刻，我们命定生活在一种启示中，这启示却从来不是温柔的，可一旦我们敞开大门，我们就可能接触到这粗砺的光芒中的柔情。这柔情让我们屏住呼吸，开始工作。

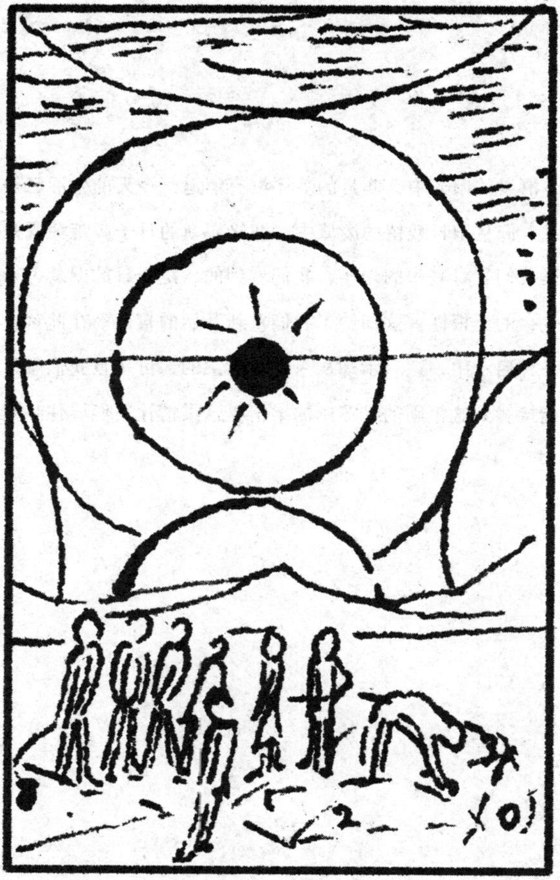

朝阳的精神状态是喜悦的，尽管残酷的白昼，尽管黑夜的记忆。卵石染上晨曦的淡红色。

——勒内·夏尔

一个陌生的地方，常给我们以奇异的感觉，我们会发现它给我们的印象是危险的和有冲击力的。这意味着所谓安全无非是种习惯，人们依赖熟悉的环境，熟悉的人，甚至熟悉的天空。于是，在这过于熟悉的空气里，到处弥漫着陈旧的味道，人们与现实彼此相安无事，无论现实或人，都有点灰突突的腻味和无聊了。因此，新的环境，偶然的际遇，对自我的更新是必要的，我们要面对的自然和自我，应该是清新的、强健的、有灵魂的。当然，如果你能做到静定，使心保持一种衡定的清明，那你所看到的就总是新的，就像老子说的那样：蔽则新！这才是最难的。

于是就只剩下这高耸的精确的建筑，
这人类曙光的崇高位置，
这充盈着静寂的最高的容器，
如此众多生命之后的一个石头的生命。

——聂鲁达

在古老的传统里，个人总是和一种来自广阔时空的暗示联系在一起的。在那些神秘的象征体系里，人并不是孤立的存在。从自然深处显示出来的图像，有某种强大的威力，使人服从于它那未经分化的力量。对天空和大地的双重祭献，使人靠近那个图像，并澄清自己为一个宇宙无私的透明的符号。人被超自然的力量贯通，获得神的眷顾，并从属于神，消失于短暂又永恒的元素中。

你唇上赤裸的草和水晶石的闪烁造出你最后的微笑。

——博纳富瓦

在荒野中，星星如露水般滴落，人被宇宙的神秘数字所规定。那仰望天空者，倾听自然簌簌的繁响，身体被浩大的生存气息充满贯穿，而自然就是我们的一面镜子，人在其中清楚地看到自己的形象。那切近始源的存在者知道，冥想就是行动。我们的心绪犹如万物合奏中连绵不绝的箫声，与宇宙的遥感相互呼应。

哪里有危险哪里就有拯救。

——赫尔德林

守着大地的清辉，微风拂过。在我们视线内，那威胁着人类的险境已迫近。可你既不能躲避也不能无动于衷，而是要选择置身其中。每一个个体的此时此刻，都是和这危险联系在一起的。当然，大地的生成和毁灭也是同一的。而当此之时，在这世界的夜半，个体汇通自己于当下的状况中，同时又将过去召唤到未来。透过对时间的三重性的理解，明确个体生存的意义，并且不畏惧危险的迫近，因为危险更能使人在深渊的边上认清自己的使命，生命在其临界的状态中获得透明的视域。

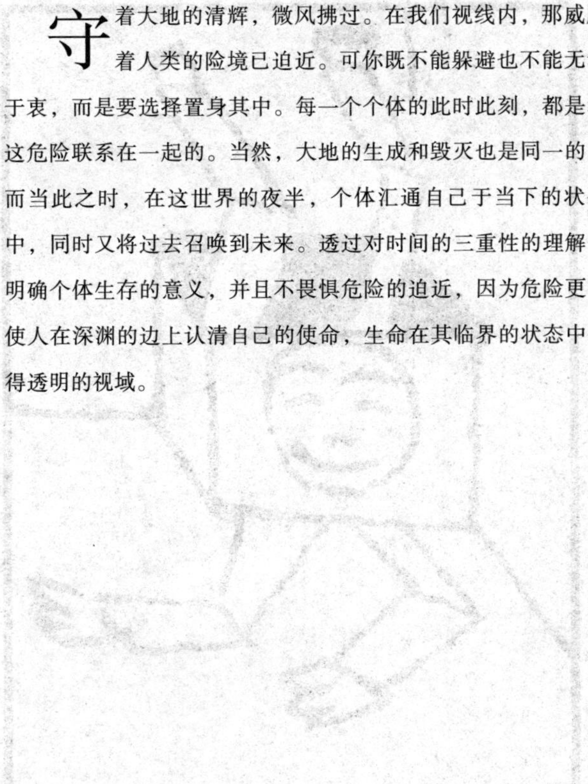

从某一点开始便不复存在退路。这一点是能够达到的。

——卡夫卡

在生存的迷局中，哪怕你已经倒置于某个空间，也不能乱了阵脚。在此时刻，不要试图抓住某个明确的理念去强求真理。最好的行动倒是放弃行动，不去理解自己，也不求解救，也不挣扎。从不挣扎中喘息，静定，等待。这是你不能不承认的生存，置身其中乃是天命。沉沦于此，烦并畏惧着，在这其中你衡定自我，并不考虑其他。解脱的线索会慢慢向你显示出来，在不思不想不说中。

图书在版编目（CIP）数据

生存的图像 / 宋迪非著. -- 哈尔滨：
黑龙江教育出版社，2015. 9
ISBN 978-7-5316-8460-2

Ⅰ. ①生… Ⅱ. ①宋… Ⅲ. ①生命哲学—通俗读物
Ⅳ. ①B083-49

中国版本图书馆CIP数据核字(2015)第225569号

生存的图像
SHENGCUN DE TUXIANG

作　　者	宋迪非
选题策划	彭剑飞
责任编辑	彭剑飞
装帧设计	Amber Design 琥珀视觉
责任校对	高秀革
营销推广	李珊慧

出版发行	黑龙江教育出版社（哈尔滨市南岗区花园街158号）
印　　刷	北京鹏润伟业印刷有限公司
新浪微博	http://weibo.com/longjiaoshe
公众微信	heilongjiangjiaoyu
天 猫 店	https://hljjycbsts.tmall.com
E-mail	heilongjiangjiaoyu@126.com
电　　话	010—64187564

开　　本	787×1092　1/32
印　　张	7
字　　数	75千
版　　次	2016年1月第1版　2016年1月第1次印刷
书　　号	ISBN 978-7-5316-8460-2
定　　价	36.00元

作者简介

宋迪非，诗人、画家，20世纪90年代开始写诗，曾在《诗林》《诗歌报》《诗选刊》《上海文学》《山花》《诗人》《广州文艺》发表诗歌百余首，小说数篇。画作曾参加“宋庄及周边艺术家田野调查”等数个展览。著有诗集《一个理想主义者的生活准则》《钢琴诗》《夜晚的白皮书》。